U0602549

中国乡村发现

| 连续出版物 | 总第71辑 | 2025（1）|

主　编／陈文胜

副主编／陆福兴　瞿理铜　文贤庆

本辑执行主编／张宁　刘永春

湖南师范大学出版社
·长沙·

中國鄉村發現

| 连续出版物 | 总第71辑 | 2025（1） |

主　编：陈文胜（湖南师范大学中国乡村振兴研究院院长）

副主编：陆福兴（湖南师范大学中国乡村振兴研究院教授）

　　　　瞿理铜（湖南师范大学中国乡村振兴研究院副教授）

　　　　文贤庆（湖南师范大学中华伦理文明研究中心教授）

本辑执行主编：张宁（湖南师范大学中国乡村振兴研究院博士生）

　　　　　　刘永春（湖南师范大学中华伦理文明研究中心副教授）

主 办 单 位： 湖南师范大学中华伦理文明研究中心　湖南师范大学中国乡村振兴研究院
　　　　　　　湖南省中国乡村振兴研究基地　　　湖南省农村发展研究院

编辑部地址： 湖南省长沙市岳麓区麓山路 370 号湖南师范大学里仁楼

邮　　　编： 410006

电 话 / 传 真： 0731-88872694

网　　　址： https://www.zgxcfx.com

书刊投稿邮箱： zhgxcfx@163.com

官方微信号： 乡村发现

征　稿

来稿要注重田野调查，突出问题意识；注重农村发展实践，尤其是乡村现实问题，提出能够进入农村基层实践、服务农村发展决策的对策建议；文风朴实，语言精练，通俗易懂，突出实例和数据，而非教条和空谈；篇幅在 3000 字以内，不存在知识产权争议；来稿请用电子邮件发至编辑部邮箱：zhgxcfx@163.com，并注明作者姓名、工作单位、地址及邮政编码（附个人简介及联系方式）。凡县乡干部、农民的来稿优先录用，与乡村无关或纯理论文章谢绝投稿（文学作品一律谢绝）。

小　启

因联系不便，请书中所采用图片的作者与编辑部联系，以便奉寄稿酬。

目　录

专　　稿

中国"三农"政策的两个长期不变主题

⊙ 郭玮

中国"三农"政策有两个长期不变的主题,一个是粮食安全,另一个是农村发展。粮食安全是国家经济健康发展和社会稳定的坚实基础。农村发展是要推动乡村全面振兴,让农民过上美好生活。

一、关于粮食安全

农业连续增产,保障了国家粮食等重要农产品的稳定供给。2024 年全国粮食总产量 14130 亿斤,首次迈上 1.4 万亿斤的新台阶。这使我们的人均粮食占有量达到 500 公斤,比人均 400 公斤的粮食安全警戒线高出 100 公斤。粮食和农业发展取得这样的成绩,是付出了巨大努力的。过去我们把粮食每增产 1000 亿斤称为一个台阶。2007 年我国粮食总产量第一次超过 1 万亿斤。2010 年达到 11182 亿斤用了 3 年,2012 年达到 12245 亿斤用了 2 年,2015 年达到 13212 亿斤用了 3 年,2024 年实现 14130 亿斤用了 9 年。我们实行粮食党政同责,强化耕地保护和高标准农田建设,加强科技攻关及成果推广,不断完善粮食生产支持政策体系,一系列实实在在的措施,大量真金白银的投入,为促进粮食增产发挥了重要作用。

我国粮食紧平衡格局没有改变,但在粮食安全问题上我们有充分的信心。2023 年我国进口粮食 1.62 亿吨。现在,粮食生产的资源环境约束增加,生产成本攀升,极端气候和灾害风险加剧，加之全球市场的不稳定性不确定性增强，粮食供给上会遇到很多复杂情况。只要我们坚持落实好当前的"三农"政策，保护好耕地，不断巩固完善农业基本经营制度，强化农业科技和装备支撑，提高农业综合生产能力，粮食安全就会有充分保障。对此，我们应该保持足够的定力、保持充分的自信。

保障国家粮食安全，最主要的是保障基本需要。根据粮农组织的定义，粮食安全是使所有人在任何时候都能够获得足量、富有营养的食物来满足积极健康的生活需要。现在粮食消费水平提高，消费弹性、消费调整的空间大为增加。不能因为国际市场出现一些震荡、进口某一农产品多一些，或者国内生产出现小的波动，就认为我国粮食安全出现问题。在粮食安全问题上，除了要增加生产，还要高度重视合理引导消费。现在一些食品的过量、不合理消费，不仅造成资源浪费，还成为肥胖率逐年上升、心脑血管等慢病高发的主要原因。促进食品消费合理化，适当减少食用油的消费，肉类消费中适当增加转化率更高的鸡肉、鱼类消费，增加奶、豆的消费，不仅有利于改善居民的健康水平，也有利于缓解农业生产的压力。

二、关于乡村全面振兴

农村发展，促进乡村全面振兴，核心是农民过上美好生活。近几年来各地推进乡村振兴取得明显成效，但不少地方农民增收难度加大、农村经济社会发展活力不足。最突出的是，农村年轻人少、老龄化严重。农村人才不足、资金不足、产业发展不足，成为乡村振兴必须面对的严峻挑战。面对这些挑战，必须推进城乡融合发展。乡村全面振兴，不仅要从农村发展需要出发，开展深入研究，还需要考虑人口城镇化、产业发展聚集化、基础设施和公共服务效率化、居民生活城乡一体化的现实因素。习近平总书记在 2017 年年底部署走中国特色社会主义新农村建设道路时，第一条就指出"重塑城乡关系，走城乡融合发展之路"。农民对美好生活的追求已经超越了村、乡的范畴，大多数农村的农民就业、农民增收主要不在本村、本乡，子女教育、医疗公共服务都集中在县城或县域城镇，农村基础设施建设也是依靠县以上财政支持。因此，推进乡村全面振兴，需要从乡村发展的一件事一件事做起，从城乡融合的角度来谋划，从县域发展上做努力。

一是积极推进以县城为重要载体的新型城镇化建设。更好发挥县城连接城市、带动乡村的作用，放大县城对县域经济发展的辐射带动。因地制宜发展小城镇，促进特色小镇规范健康发展。构建以县城为枢纽、以小城镇为节点的县域经济体系。

根据自然条件以及产业发展、人口城镇化的规律，从县域全局出发研究村庄发展的趋势，把握不同村庄未来的走向，规划乡村发展的未来。

二是发展各具特色的县域产业。发挥比较优势，推进县域产业集群发展，强化产业平台支撑，提高产业集中度，提升人口集聚能力。培育一批农业强县、工业大县、旅游名县，促进农民群众就近就业增收。城镇产业发展和乡村产业培育，都要重视扩大就业容量，把就业摆在突出位置。

三是科学统筹乡村基础设施和公共服务布局。要增强县域基础设施和公共服务均衡性和可及性，建设符合县域发展水平、适应县域生产生活特点的交通网络、通信网络、供水供电设施。完善农村道路、供排水、农产品仓储保鲜物流设施。推动城乡基础设施的统一规划、建设和管护，推动城镇公共设施向乡村覆盖。分类推进村庄建设，建设宜居宜业和美生活环境。加强普惠性、基础性、兜底性民生保障。科学设定县域内部公共服务的服务半径和服务人口，根据人口变化合理安排公共服务供给，避免浪费。

四是加快要素双向流动，突破县域城乡融合关键瓶颈。在保护好耕地、保护好农民土地权益基础上，推进农村土地资源特别是建设用地的市场化配置，探索闲置宅基地、闲置农房开发利用机制，为产业发展提供有力支撑。积极吸引各类人才留在县域，服务乡村全面振兴。政府直接投入或补贴的乡村建设项目、高标准农田建设项目、农业社会化服务项目等，要优先鼓励年轻人参与。要多途径激活县域要素市场，为乡村全面振兴提供强大动力。

（作者系国务院原副秘书长、全国政协委员）

透视乡村治理

⊙ 武吉海

湘西吉首坪年、凤凰禾若、古丈曹家、永顺捞庄四个村落，20世纪80年代以来，经过多轮乡村建设与改革，基层治理发生历史性变化。深入透视个中景象，有些势头值得关注。

一、现状与走势

这些年乡村发生的最大变化，是基础设施和公共服务明显改善。近十多年的精准扶贫，国家对农业农村尤其是对贫困地区投入大幅增加，乡村的水电路、通信、农田水利建设、村寨环境整治、生态修复、村部建设，迈上一个新的台阶。撤乡并村，扩大了乡镇、村的治理范围。乡村交通改善与移动互联网技术升级，刷新了治理时空，提升了治理效能。全免农业税以及随之而来的粮补、直补、农机购买补贴、公益林保护补贴、产业发展扶持等各种惠农政策，加上国家推行农村养老保险、新型农村合作医疗，减少了长期从农民收取税费以及实行计划生育引发的干群摩擦，改善了乡村的党群干群关系。近几年实行的村主干、驻村辅警在村部轮班值守，方便了村民办事。农村实现全面小康后，改善基础设施和公共服务，成为乡村社会进步的重要标志。

农村青壮年大批外出打工，乡村常住人口持续减少，宗族观念趋于淡化，社会治安稳定向好。20世纪八九十年代，乡村热闹时容易产生的财产盗窃、田土山林水利纠纷、宅基地扯皮、打架斗殴、邻里不和，以及由此引发的民事、刑事案件，已大幅下降。而农村留守老人、妇女、儿童派生的问题，一度增多。村主干与驻村辅警的工作，除治安维稳调解外，职能向安全生产、村寨房屋和森林防火、疫情防控、节假日交通疏导、劝访、防止老人遭受网络电信诈骗等领域转移。平常村干部公事少些，遇村里举办重要活动及外出务工人员年节集中返村，工作量陡然增大。一些同志关注的宗族势力影响、把控基层治理的情况，在这四个村落尚未出现。

乡村运行保障水平提升较快，镇村干部的收入、补贴增加较多。从乡镇层面看，乡镇干部工资及基本运转费用纳入县市财政预算支出，不用乡镇党委书记、乡镇长操心。干部有乡镇补贴，这几年又增加了车补，总体收入与同职级县直单位干部比，优厚一些。国家实行财政转移支付，使经济发展较慢的地区，受益较多。乡镇干部住房、政府食堂在撤乡并村后作了整合，干部住公租房，到食堂就餐，开餐有补助。乡镇开展工作的经费缺口，通过向上申报、争取专项扶持，过来有一些门路。乡村教师、医生、七站八所事业编制人员的收入与工作、食宿条件，相对以前改善较多。村级主干报酬，按管辖人口规模，分档次给予补贴。一般是，人口多的大村，设村主干 7 人，人口少的设 4～5 人，村支书兼村主任年收入 4 万多元。其余村主干，拿村支书兼村主任报酬的 80% 左右，直接由县财政打到个人银行卡上。乡镇与村级的财政保障，近几年是新中国成立以来的最好时期。

乡村基层治理的行政赋能，这些年在不断强化。精准扶贫在转变干部作风、倒逼抓细抓实农村工作、改进农民的公共服务上，取得明显成效。村支书与村主任一肩挑，使村级组织的执行力得以提升。加强农村基层组织建设，推选乡村能人出任村主干，使一批村落的治理业绩和村风村貌，发生大的变化。扫黑除恶进一步净化了农村社会治理生态。县直机关部门的多种行政事务，下沉村级组织，使村主干尤其是村支书兼村主任逐步职业化。经演进形成的村支两委决策、执行、监督机制，提升了村级公共服务标准，回应了村民对公平、正义的要求。一些不断叠加的规则、程序，萌生了基层的"繁政"弊端。上级对乡村工作的检查、抽查、问责，逐步趋严。一竿子插到底的势头，短期难以刹住。社会上对撤乡并村，村支书、村主任"一肩挑"，村级组织运行行政化，形式主义，以及运行成本推高等举措，持有不同看法。从总体上观察，近些年农村基层治理逐渐强化的行政举措，有着客观的社会历史背景，初衷在加快推动乡村发展、变革，但也累积了一些问题。

二、压力与困惑

在与村主干的个访、座谈中，听到较多的声音是"上面千条线，下面一根针"，上面管的过细，基层吃不消。基层呼吁、盼望的，首要是乡村治理需要产业发展支撑。没有产业，或者产业虚弱，乡村留不住人，缺乏持续改善治理的经济基础。脱贫攻坚结束后，农村的大投入收缩，一些产业、消费扶贫的政策退场，农村关注热度消减，村干部、产业大户、村民反映，随着产业发展市场环境趋紧，一些成型的产业已经出现波动。如果经济大势持续回落走低，农民外出打工就业、返乡创业，国家扩大以工补农、以城带乡能力，都会受到牵扯和影响。

发展村集体经济，这些年作了很大努力，培育、涌现了一批成功典型。但为数不少的村，集体经济仍然脆弱。已经开发的项目，除县里统一扶贫建设的光伏发电，集体资产入股、出租，兴办的一些文旅、林果场等项目收益较好外，真正有稳定收益的村不是太多。一些村想发展集体经济，增强村级经济实力，但缺少资金、人才和门路。有的喊了几年，没有办法启动。也有项目选得不准，造成亏损的。

村级组织包揽事务过多，负担较重，是目前乡村基层治理的短板。几位村主干告诉我，这几年村里工作压力大的，一是收取农村合作医疗保险金。现在外出务工、居住的人员增多，需上缴的金额这几年增加较快，加之在村卫生室看病不能报销，要收齐难度大。二是填报各种表格、数据，报送上级部署工作任务完成进度、情况。有种粮统计，外出务工人数、收入，贫困户和防止返贫监测户资料，中心工作进展情况，等等。脱贫攻坚前期，各种下访、抽查，数据填报要求频繁，后期有了改进。有的部门数据催得急，村秘书忙不过来，几个村主干一起帮忙搞。三是各种打卡巡查、工作留痕、巡查问题整改。近期上级抓基层减负治理，取消了一些工作打卡微信群，这方面的繁杂情况得到改进。四是评定低保户，确定卫生保洁、护林员等公益岗位，组织扑灭山火，开展村落建设和公益事业，涉及村民利益和村内资源使用分配的，或者需要动员村民出工出力的，不太好协调，也有因受益不均引起意见和投诉。或许由于农村挣钱不易和谋生艰辛，村落里计较、攀比风气和陈规陋习现象，仍然存在。村民、村干部相处，免不了产生误解与矛盾。一些"三农"工作者直言，有的部门一边制造问题，下面反映大了，又出面解决问题。一些部门下达的数据填报和工作巡查，是不懂基层的机关干部没事找事制造出来的。一些脱离实际的工作任务，不仅加重了基层负担，也造成、助长了数据作假。

村民自治呈弱化趋势。我跟踪调查的这四个村，9年多时间，曹家村支书是连任的，捞庄换了2任，坪年、禾若换了3任。多位村支书在团结带班，大事集体研究、民主决策，实行民主理财、接受村民监督，动员村民参与村落治理，组织兴办实事方面，反映较好。这四个村驻有扶贫和乡村振兴工作队，他们在推进基层治理制度建设、联系村民群众、发挥骨干作用、实施项目建设上，做了大量工作。有的村干部还遭受一些误解与委屈。村支两委的工作，虽然离村民要求尚有距离，但多数村民评价是客观的。在村落治理实践中，村支书兼村主任与驻村工作队队长的份量在加重，作用不断增强。村民自治主要在村务、财务公开，听取评定扶助户，兴办村里实事意见等方面发挥作用。村务运行目前仍处在行政主导阶段。

县级财政保障后劲乏力。近几年房地产业爆雷、下滑，基建收缩，给县级财政增收带来不确定性。民营经济困难较多，财政短收，政府负债需要还本付息，使目前的支出规模难以为继。县级财政给村级主干的报酬，以及每村 3 万～4 万元的工作经费，还有一些专项扶持，能否维持下去，存在诸多变数。期望扩大县市政府对农村基层的财力扶持，多数地方近期看来希望不大。

党员队伍老化，发展年轻人入党考察期偏长。家里没有产业的中青年靠外出打工养家，村里难以留住人才，有的行政村干部缺额推不出合适人选。村落治理缺乏人才支撑。

三、激发乡村基层治理活力的建议

激发乡村基层治理活力，是农业农村可持续发展的重要课题。近些年，政府集中优势资源扶持农业农村和贫困地区，释放了行政驱动的巨大潜力。中国脱贫攻坚取得的成果，创造了人类减贫史上的奇迹。建设宜居农村和乡风文明，有了重大进展。新中国成立以来，翻转底层的社会变革，改变了由士绅、宗族势力、儒家文化、旧时保甲长松散治理乡村社会的传统格局。国内外研究者，将此看作是中国的制度优势。往前走，中国农业农村现代化，从物质、精神、制度三个层面考察，制度层面管得更为长久。实现治理体系和治理能力的现代化，乡村的面更广，展开、深入的难度比城镇更大一些。长期依靠行政力量和外在扶助因素，恐难实现乡村的良政善治。即使一个阶段理顺了，负责人一换或者思路异动，难免冒出人去政息的风险。立足依靠农村基层组织和基层干部，发挥农民的主体作用，改进扶持农业农村发展的制度安排，建立完善促进乡村可持续发展的长效机制，既是过去乡村发展治理的成功经验，也应作为乡村今后改革发展、完善基层治理的主推方向。

顺应工业化、城镇化、市场化、信息化及城乡融合发展趋势，做好村民自治引导工作。农业人口减少，边远村落空心化，互联网信息技术的持续进步，这些横贯未来几十年的大趋势，将影响、左右今后的乡村治理格局。户籍人口向城镇转移，进城务工人员市民化，会加速城镇扩容和部分边远乡村衰落。而城乡一二三产业的融合发展，农村作为城镇的生态屏障，作为延伸农耕文明生活方式的载体，功能将进一步显现。现存的乡村治理空间布局和治理方式，在运行一段时间后，继续进行适应性整合的概率很大。有些空心村，取消建制或再做合并性调整不可避免。发展乡村旅游，促使一些资源禀赋较好的村落，加快环境提质、村寨更新步伐。政府在乡村的公共服务，通过购买服务的方式进行，将更为规范。乡村的产业发展与现代农业建设，通过专业大户、产业化龙头企业、合作社、农协会等社会化服务的形式扩大覆盖，市场机制引导调节土地流转和集约经营，将主导农村资源配置方式。国家对农业农村现代化的政策扶持，在促进规模经营、发展设施农业、推动农业机械化、提升农村公共服务水平上，呈加大力度趋势。村级组织与村民自治的运作方式，应适应这些新的情况，在降低体制成本、发挥基层优势、增强乡村活力上，进一步改进、完善治理运行机制。

加强乡村班子建设，鼓励担责做事。实行自治、法治、德治相结合，靠带头人去实施。过去凡是治理比较成功的乡村，选配好乡镇、村级书记，尤为重要。一是选拔善于团结带班、公道正派、勇于担责做事的同志，担任乡镇党委书记。采取本村选拔，从口碑好的返乡创业能人、产业大户以及乡镇下派第一书记中推选等多种形式，加强村支书队伍建设。现在一个乡镇，管辖人口多的有 2 万～3 万人甚至更多，少的也有上万人，行政村人口多的有 3000～4000 人，小的村也有 1000 多人。镇村两级书记，争取各方支持、协调内外的工作量大，不应只看文凭和年轻，要选能够做事、有公信力的人。二是扩大从优秀村支书中录用乡镇公务员的比例，为业绩突出的村支书提供上升空间。三是相对稳定乡镇党委书记任期，从优秀的乡镇党委书记中选配县委常委、副县长，减少从上级机关下派县负责干部的人数，使乡镇党委书记这个岗位，成为向上一级输送负责干部的重要来源。四是落实基层工作容错机制，真正为干事创业的乡镇、村级书记放手工作创造宽松条件，改变逐步累积的少做事、少担责和报喜不报忧趋向。五是注重从工作机制上改进对乡村干部的教育、管理与监督，规范基层的权力运行，管住公权私用。

进一步减轻基层负担，扩大基层自主探索空间。20 世纪 90 年代开始的减轻农民负担，真正截断源头是 2006 年国家全免农业税后。减轻基层负担，也要从源头上厘清行政事务延伸至村的边界，对村级组织的职能划分和事务管理，作出明确规定，防止基层减负经治理后又出现反弹。当下，宜按简政放权思路清理上级部门下达的村级事务，减少重复上报数据、材料，多头检查、巡查、考核，以及不必要的工作打卡留痕，不让村干部和驻村工作队捆在电脑作业上，给村级自主开展工作留足空间。要在基层党组织的统一领导下，发挥村组骨干、村民、返村创业人员、乡贤、乡村"五老"，在产业发展、环境整治、家风传承、民主协商、文明创建中的作用，推动控制和降低行政治理成本，提高治理实效。注意听取农村基层干部和村民的意见和呼声，指导、帮助村级组织解决他们无力解决的问题，使国家振兴乡村的决策和举措，真正在村级落地落实。在村民持续减少的村落，可探索更为便捷、成本更低的治理方式。加强发展优秀农村青年入党工作，培养乡村振兴后继骨干。继续鼓励引导有条件的村发展集体经济。对缺乏条件和人才的村，不搞霸蛮推进，避免村里背上新的债务和经营包袱。

持续增加国家对农业农村发展和公共服务的投入，提高涉农资源的整合效能。脱贫攻坚转向乡村振兴后，农村的基础设施维护完善，村落生态环境整治，公共服务提升，包括农业农村人才培训、就业创业扶持、产业发展引导、电商和农产品营销、乡村文化和精神文明建设，都需要继续增加政府和社会的扶助与投入。投入缩水，会导致农村后续发展面临波动。可以借鉴脱贫攻坚期间整合涉农资金扶持乡村项目的作法，在稳定并扩大普惠扶持覆盖面的同时，开展一批能够引领农村未来发展方向且具有可推广性的综合试点，使农业农村转向高质量发展，进而实现乡村治理体系、治理能力现代化，走上有典型示范、有长效制度支撑的宽广道路。

（作者系湖南省政协原副主席）

时政解读：名家讲座

进一步全面深化农村改革的重点和方向
⊙ 王乐君

2025 年是"十四五"规划收官之年，是巩固拓展脱贫攻坚成果同乡村振兴有效衔接五年过渡期的最后一年。党的二十届三中全会对深化农村改革作出系统部署，农村改革任务艰巨繁重。进一步深化农村改革，需要总结党的十八大以来农村改革取得的成就与经验，梳理当前迫切需要关注的改革重点和方向。

一、党的十八大以来农村改革的成就

党的十八大以来，以习近平同志为核心的党中央高度重视深化农村改革，亲自谋划、亲自部署、亲自推动农村改革工作，一些长期制约农业农村发展的体制机制障碍得到破解，全面推进乡村振兴的制度框架基本形成。

一是确立承包地"三权分置"制度。顺应农民保留土地承包权、流转土地经营权的意愿，实现承包权和经营权分置并行；完成承包地确权登记颁证，明确第二轮土地承包到期后再延长 30 年。

二是创新完善农业经营体系。新型农业经营主体和农业社会化服务蓬勃发展，农业规模经营方兴未艾，新技术新模式应用日益广泛，促进小农户和现代农业发展有机衔接的政策体系初步建立。

三是新型农村集体经济发展迈出实质性步伐。农村集体资产家底基本摸清，农村集体经济组织基本建立，《中华人民共和国农村集体经济组织法》颁布出台，多元化新型农村集体经济健康发展，宅基地制度改革稳慎推进，农村集体经营性建设用地入市试点持续推进。

四是种粮农民收益保障机制和粮食主产区利益补偿机制进一步健

全。粮食价格、补贴、保险"三位一体"政策体系不断完善,财政支农投入稳定增长机制初步建立,农村金融服务体系基本形成。粮食主产区奖补激励制度不断健全,产销区多渠道利益补偿办法深化探索。

五是城乡融合发展体制机制初步建立。乡村振兴战略和新型城镇化战略协同推进,"千万工程"经验深化推广,工农互促、城乡互补、协调发展、共同繁荣的新型工农城乡关系逐步形成。党组织领导的自治、法治、德治相结合的乡村治理体系加快构建。

六是精准扶贫精准脱贫基本方略全面实施。创新扶贫工作机制,打赢脱贫攻坚战,建立起巩固拓展脱贫攻坚成果同乡村振兴有效衔接机制,守住了不发生规模性返贫的底线。

二、进一步全面深化农村改革的重点领域

农业农村改革发展成就斐然,但也要清醒看到,"大国小农"依然是我国的基本国情农情,城乡发展差距依然较大,乡村振兴"人、地、钱"等要素制约依然突出,农民增收总体趋缓,农村老龄化程度加快,农村利益主体更加多元等,这些都是深化农村改革面临的挑战。要深入学习贯彻党的二十届三中全会精神,进一步全面深化农村改革。

一是完善城乡融合发展体制机制。第一,要坚持农业农村优先发展,推动在资金投入、要素配置、公共服务、干部配备等方面采取有力举措,加快补齐农业农村发展短板,不断缩小城乡差距。第二,要把工业和农业、城市和乡村作为一个整体统筹谋划,促进城乡在规划布局、产业发展、公共服务、生态保护等方面相互融合发展。第三,要找准县域这个城乡融合发展的重要切入点,在城乡要素平等交换和公共资源均衡配置上取得新突破,给农村发展注入新动力,让广大农民平等参与改革发展进程,以实现乡村全面振兴更好推进中华民族伟大复兴。

二是巩固和完善农村基本经营制度。第一,要做到"三个坚持",即坚持农村土地集体所有,坚持家庭经营基础性地位,坚持稳定土地承包关系。第二,要保持土地承包关系稳定并长久不变,有序推进第二轮土地承包到期后再延长三十年试点。第三,要发展新型农村集体经济。贯彻《中华人民共和国农村集体经济组织法》,健全农村集体经济组织法人治理机制。适应社会主义市场经济要求,构建产权明晰、分配合理的运行机制,探索资源发包、物业出租、居间服务、经营性财产参股等多样化发展途径。

三是完善农业经营体系。第一,要坚持家庭承包经营基础,加快形成以农户家庭经营为基础,以合作与联合为纽带,以社会化服务为支撑的立体式复合型现

代农业经营体系。第二，突出抓好家庭农场和农民合作社发展。第三，健全便捷高效的农业社会化服务体系。积极培育多元化社会服务组织，重点围绕粮食和重要农产品生产，支持服务主体聚焦小农户和农业生产关键薄弱环节，开展代耕代种、代管代收、代储代销、技术集成等服务，以服务过程的现代化实现农业现代化。第四，把握好土地经营权流转、集中、规模经营的度。土地经营规模要做到"三个相适应"，即与城镇化进程和农村劳动力转移规模相适应，与农业科技进步和生产手段改进程度相适应，与农业社会化服务水平提高相适应。

四是完善强农惠农富农支持制度。第一，完善价格、补贴、保险等政策，这是健全种粮农民收益保障机制的关键举措。第二，建立粮食产销区省际横向利益补偿机制。针对粮食主产区大多"产粮多、经济弱、财政穷"的状况，统筹建立粮食产销区省际横向利益补偿机制，创新利益补偿方式、拓展补偿渠道，让主产区抓粮不吃亏、有积极性。

三、深化农村改革要处理好几个关系

做好农村工作的一个重要准则是要保障农民的物质利益和民主权利。开展农村改革，必须突出农民主体地位，把维护农民权益放在第一位。深化农村改革，需要处理好几个关系。

一是稳和进的关系。农村政策和改革要以稳为主，"三农"稳民心就稳，整个国家社会就稳。乡村发展、乡村建设、乡村治理要干出"进"的实绩，以乡村全面振兴之"进"助力发展大局开辟新空间。

二是守正和创新的关系。"守正"就是要守住农村基本经济制度、基本经营制度、基层组织制度。"创新"就是要顺应新形势新要求，推进"三农"理论创新、实践创新、制度创新，在破立统一中实现农村改革蹄疾步稳。

三是试点试验和顶层设计的关系。第一，用好试点试验手段。针对"三农"工作中矛盾突出的领域，要坚持问题导向开展改革试验；围绕"三农"发展战略需求，要坚持超前谋划开展前沿改革试点；着眼群众可感可及的实事，要坚持可感可及安排小微改革举措。第二，加大成果转化力度。对实践证明有效的改革做法，要加强总结凝练，推动上升为法律、规章、制度等，把改革成果固化，让试验"盆景"转化为改革"风景"。

（作者系农业农村部总畜牧师，本文为作者在"清华三农论坛 2025"主论坛上的演讲）

农民流动：行为—制度—原理

⊙ 徐勇

口述史讲的六十年在中国历史上有非凡的意义。从土地改革到土地集体化，再到土地承包，之后是土地流转，这四个阶段在中国历史的农民和土地关系上是划时代的。

费孝通先生讲中国是一个乡土本色的社会，每个人都有"土气"，中国文明是从土里面生长出来的。土地是农民的命根，也是一个国家的根基。从土里生长出来的光荣历史，自然也会受到土地的束缚。

费孝通先生早在 1938 年写了一本《江村经济》。他 26 岁时回到了自己的家乡开弦弓村进行调查并得出结论。他非常赞同中国共产党土地革命的主张，因为不搞土地革命，农民生存则有困难。同时，他得出另外一个结论：仅仅有土地是不够的，土地可以维生，但是不能致富，所以他主张要发展草根工业，乡村企业是他很早就主张的。这个主张在相当长的时间没有得到足够重视。一直到 20 世纪 80 年代末 90 年代初，农民流动开始，费先生的主张才实现。

农民流动是在现代化背景下发生的。工业化、现代化相伴随的是城市化在人类历史上具有革命性意义。城市化从根本上改变了人们的生产方式、生活方式和思维方式，重新构造了人类历史的政治土壤。以往的变革都只是改变了人和土地的关系，只是生产关系的变化，但没有改变人对土地的依存。人依土地而生，也因此而困，这就形成了一个世代的循环。

中国经历了无数个朝代，没有发生革命性的意义，只是王朝的循环。因为王朝都建立在土地基础上。早在 1949 年前，费孝通先生就发表了一篇重要文章，题目叫作《被土地束缚的中国》。现代化、工业化兴起以后，中国没有致富是因为被土地所束缚。大家困在土地上，土地的产出是有限的。每亩地生产的产值有限，如果同样一亩地去造高科技的工厂，这一亩地的产值是不可估量的。中国是在土地基础上创造出来的，但也被土地束缚了。一直到20世纪90年代初邓小平同志南方视察讲话以后，中国才开启了大规模的现代化。

随着大规模的现代化、工业化和城镇化的推进，农民开始走出他们世代依存的土地，外出务工。他们是现代化的创造者，并在创造当中改变了自己的命运。他们在中国历史上、中国式现代化当中是不可或缺的，也是中国历史上值得记载的光辉篇章。我们这次口述史的目的便是记录他们光辉而艰难的历程。这次调查是"农民与土地60年"大型口述史调查的结束。口述史的一个特点，就是一定要由当事人来叙述。随着岁月的流逝，他们可能不再能够讲出话了。趁他们还记得的时候，我们赶快把他们的历史抢救出来。

通过口述史调查，我们可以获得生动的事实资料。这是我们做政治学研究的第一步。我们院做政治学研究就是从田野开始的，形成自己的路径和特色。但是我们毕竟是政治学研究者，在获得事实材料之后，还要把原材料通过学术加工转化为学术成果。

大家最近看到我们院的名称做了调整，即政治学与国家治理研究院（中国农村研究院）。这个调整也具有革命性意义，是一个质的提升。10年前，中国农村研究院独立建制，主要是为了进行大规模的田野调查，特别是抢救历史，由此取得了大量第一手资料。随着材料的获得，我们要整理，更要加工和提炼，使材料具有学科价值，用材料搭建学科大厦，将其转换为知识产品。调查只是基础，学术产出才是目的。调整名称的重要目的，便是增强学科意识，通过更多的学科元素，进行材料提纯和提炼，获得更多知识产品。这有可能将我们院提升到一个新的台阶。

怎样让我们有学术意识？我想提一点方法路径。刚才任路老师讲了怎么样在田野做调查，这是田野调查的逻辑。我们怎么样把田野调查加工为学术成果，这是学术研究的逻辑。这两者又是相辅相成的。你没有学术的关怀，只是做调查，仅仅是完成一个任务，就难以有深度的发现。

大家注意到，我们院翻译过日本的《满铁农村惯行调查》。从事这一调查的是有学术训练的一批人，是大学老师和学生。他们的调查有学术意识，通过调查发现"活"的法律。当有了学术意识与追求的时候，再去做调查，你就会不断地追问。仅依靠问卷没有深度，无法进行持续追问。有学术意识的调查，可以提高每个人的主动性和调查的深度性。

近年来我们意识到，田野政治学要将田野与政治学有机结合起来。以田野为基础，以政治学为目标，将田野调查纳入政治学体系，形成行为—制度—原理的认识和分析框架。

农民流动是一种行为，从一个地方流动到另一个异质性地方的行为。我们观察农民流动，要从农民的行为角度去观察，这个行为是怎么样发生的，行为过程又遇到一些什么问题。这些事情要让行为者去讲述，但是我们作为政治学的学生去调查，要关注这个行为是在什么样的制度环境下发生的，所以我们要注重制度。

农民流动事实上冲击着传统的三大制度：户籍制度、土地制度、税收制度。几千年来国家和农民的关系、国家怎么样治理农民，要靠这三大制度来治理。这三大制度都以农民依附于土地为前提条件，这是传统国家治理的根基。我们要把三大制度带到国家治理的视角来看，国家治理体系是由高层和基层共同构成的。国家怎样来治民，怎样让农民稳定下来，以此获得国家所需要的税收，这是国家治理的基础性问题。

大规模的农民流动改变了国家治理的根基，也推进国家治理的改善。国家治理体系和治理能力现代化，一定伴随制度创新。从党的十一届三中全会开始，三中全会大都讲制度改革。农民流动在制度变迁中扮演着重要的角色。

农民流动是在过往的人口收容遣送制度背景下发生的。20多年前发生过"孙志刚事件"。身上没有带一份有关外出人口的证明，就会被收容，被遣送到你的原住地。现在人口收容遣送这一制度被废除了。

第二个是农业税费的废除。中国是缴纳农业税最早的国家，也是废除农业税最晚的国家，有三千多年的农业税历史。中国历史是靠农民的税收维持的，农民大规模流动的重要背景是农民负担沉重。当时朱镕基总理讲到农民负担重的时候提到"民怨沸腾"。但是，当时没有出现大规模的抗争。重要原因是外出务工，农民有了新的生存方式。城镇化改变了我们整个国家政治的基本逻辑，不再是政治对抗。

农民流动给乡村治理带来新的问题。人不在地上，如何治呢？进入新世纪，国家痛下决心废除农业税，从根本上改变了几千年来的国家治理方式，不仅废除农业税，还要建设新农村，让农民享受基本的公共服务，获得平等的国民身份和地位。所以说农民流动改变了政治环境。

农民流动也改变了农村经济基础。农村产权发生了重大变革，所有权、承包权、经营权三权分立。土地革命使得作为劳动者的农民获得土地，集体化将土地归属集体所有，有了集体所有权；土地承包，农民从集体中获得土地，有了承包权。有承包地可以生存下来，可以吃饱饭了，但是难以发展。无农不稳、无工不富，工业化、城市化带来巨大的财富效应，把农民从土地上拉走。人口流动有一个"推拉理论"。土地的人口过多，把农村过多的人口推出去；城市工业的财富效应，把农民吸引走。"推拉"以后，承包地怎么办呢？这就鼓励流转，流转到其他人手上。这就有了经营权。为什么叫农民流动与土地流转？我们要把这个背景弄清楚，没有农民流动，就不可能有土地流转。

农民流动到哪去呢？流动到城市去。当你流动到城市以后就改变了城市的治理。过去的城乡有一道鸿沟，到一个县城就看到它有城墙。外面的人是不能随便进去的，里面的人也不能随便出来。过去的城市是政治性城市，一直把农民挡在城门之外。这就有了"外来妹"这个说法，是当地人称呼外来人的说法。一定要看一看电视连续剧《外来妹》。农民工改变了城市的政治。没有外来人，工业城市发展不起来，你不得不打开城门。中国几千年的城门是靠谁冲开的？是农民撞开的。虽然我们没有了那个有形的城门，但是户籍制度是无形的城门，是进不去的，进去了也难以安顿下来。

以上一系列制度都与农民流动有关。农民作为行为体，既受制于传统制度，又是新制度建立的推动者，尽管他是不自觉的，但他的行为本身造成这个变动。所以我们看到行为和制度是一个互动的过程。这就给我们从政治学观察农民流动提供了一个重要视角，要从制度的角度去理解。

行为和制度是一种现象。这个现象不是无缘无故发生，而是有自我存在的根据和理由。从行为者的角度看，农民流动的行为不是盲目发生的。我们过去把农民流动称之为"盲流"，要防止盲流，这是国家的行为和逻辑。我们要理解国家，它也是行为体，但是它按国家的逻辑。大规模流动以后，火车站招架不了，确实对于治理带来极大压力。

从农民流动本身看，他是有自己的行为逻辑的。我有田野思维，注重从行为者内在逻辑思考问题。2010年，我在《中国社会科学》发表的《农民理性的扩张："中国奇迹"的创造主体分析——对既有理论的挑战及新的分析进路的提出》讲了一个观点——中国奇迹一定要想到亿万农民。文章编辑很有人文情怀，认为广大农民作了巨大贡献，需要进行研究。文章有相当的事实根据。我跟踪过在广东深圳打工的人，每天工作17个小时，加班是他自己申请的。他觉得加班相当于农村打夜工。

八个小时工作制、五一劳动节，是现代化的产物。农民祖祖辈辈有五一劳动节吗？我记得在农村时每年会说"不插五一秧"，五一节正是大忙时节。

农民进入现代化轨道时，还是按照农民的逻辑，几千年形成的习惯。这种农民理性和现代化、工业化结合起来，会产生扩张。所以我说中国的奇迹是农民创造的。鸦片战争的时候，是外国人要把商品倾销给我们，我们把门关住，那现在呢？特朗普上台以后要干什么事啊？提高关税，限制商品自由流通。

亚当·斯密早就讲过，自由贸易、社会分工是市场经济的基石，各得其所。物美价廉是商业逻辑。我们的产品销往世界，重要原因是便宜。中国的产品为什么便宜？我到义乌的农村里面去看那些小商品怎么生产出来的，就是在农村的祠堂里面靠那些闲着的老人的手工去做出来。同样是廉价劳动力，为什么印度不如中国，在于印度的教育较差。我们的"外来妹"一到生产线上，就会看说明书。

为什么农民会拼命去工作？在于家户制农民，他要养家糊口，要光宗耀祖。我在外面拼命地干，哪怕受苦受累有危险，但是改善了全家人的生命和命运。一个人外出打工，全家人脱贫，这就是农民的逻辑。陈军亚教授专门写了一篇文章叫《韧性小农：历史延续与现代转换——中国小农户的生命力及自主责任机制》，韧性来自以家户制为特点的内在责任激励。现代化是"权利本位"，传统社会是"责任本位"。

通过农民的行为，我们要关注"农民理性"的生成机制。在访谈当中要注意从行为体本身的角度了解，你不能代替他去想。你在有了知识以后，就要把他的想法给引出来。只拘泥于问卷一问一答的形式，就难以把深层次的想法给挖掘出来，就不能理解他为什么是这样而不是那样。

农民作为行为者，有自己的行为依据。他们不一定会按照国家的逻辑，按照预先设定的规则来行进。这就给我们做制度研究提供了一个新的视角。大家会接触到西方政治学的行为主义和新制度主义。其学说对微观行为、微观制度及其之间的关联缺乏深入细致的描述。学政治学要有发现理论的眼睛。口述史的一个重要好处就是能够挖掘行为体的内在依据，看到的制度是一种"活"的制度。

除了人们的行为有内在依据外，国家订立的制度也有其理由和目的。我们前面讲的户籍制度，是国家工业化初期，以工业优先、城市优先的产物。国家成文制度的一个特点就是普遍性、规范性，会形成一个普遍性的行为模式。个体的行为离不开国家制度，国家制度会塑造个体的行为。这种模式化的行为又会构成人们的命运和感受。你们下去之前还要读一本书《人生》。这部小说的主人公高加林就是当时的户籍制度、城乡二元结构塑造的命运。"外来妹"这个称呼也是这个制度化的产物。话语是某一种制度的表达。我们讲一些话，特别是大家约定俗成的一些流行话语，背后都有制度文化的影响。

改革开放后大规模的农民流动冲击着传统的限制性制度。几千年来传统的国家治理的一个突出特点就是人定土定。人定于土，土是搬不动的，土叫不动产，不动的土地不动的人，便于国家治理。但是这个制度因为农民工的流动而发生了变迁。"外来妹"这个称呼被"新市民"所代替，也就是制度变迁了。随着农民流动，那些不成文的乡土规则也在悄然发生变化。过去的农村"熟人社会"，现在可以说是"陌生的熟人社会"，一年才见一次，见了面以后像不认得一样。

农民流动和土地流转是一种社会现象。作为政治学科的学生，首先要以此为对象，原原本本记录这个历史现象。同时要注意把这个社会现象抽象到一般的理论层面，以农民流动和土地流转为载体，发现其中的政治学理论。这是一个进入田野又超越田野的提升过程，也是田野政治学走向新阶段的必经之路。我们过往学习过西方政治学的行为主义和新制度主义的方法路径，这些思想和方法需要学习，可以参照，帮助我们打开思路。但是也要注意，西方的研究方法是在西方大地上生长出来，有其特定含义。我们也可以从中国大地出发，建构起自己的认知，形成自己的理论。

（作者系华中师范大学政治学部部长，本文系作者2024年12月7日在2025年寒假"农民流动与土地流转"口述史调查启动培训会上的演讲）

法治与农村改革

⊙ 高其才

农村改革需要法治建设、法治护航。以良法善治推进农村改革，应坚持法律平等与法律自由导向，保障农民的法律主体地位及法律权利；坚持法治理念与法治思维方略，积极推进基于法治保障的农村改革。

一、农村改革相关规范与具体实践

法律法规与政策文件为农村法治改革确立了根本遵循，相关主要规范包括《中华人民共和国宪法》《中共中央关于全面推进依法治国若干重大问题的决定》《中共中央、国务院关于实施乡村振兴战略的意见》《关于加强法治乡村建设的意见》《中共中央关于进一步全面深化改革、推进中国式现代化的决定》《中共中央、国务院关于进一步深化农村改革、扎实推进乡村全面振兴的意见（讨论稿）》等。与此同时，农业农村农民的发展状况、国家涉农法治建设状况、国家法治建设状况等具体实践也为农村法治改革提供了重要参考。另外，应该认识到，农村内部的自我改革只是农村改革的次要部分，农村改革实际上是国家层面的全局性、整体性、系统性的改革，应依托全面依法治国战略背景展开。

二、法律平等及法律自由导向的农村改革

《中共中央、国务院关于实施乡村振兴战略的意见》（2018 年

1月2日）指出"农业农村农民问题是关系国计民生的根本性问题。没有农业农村的现代化，就没有国家的现代化。当前，我国发展不平衡不充分问题在乡村最为突出"，提出实施乡村振兴战略的目标任务，以及到2050年乡村全面振兴的目标："农业强、农村美、农民富"，"农业全面升级、农村全面进步、农民全面发展"。2024年中央一号文件《中共中央、国务院关于学习运用"千村示范、万村整治"工程经验有力有效推进乡村全面振兴的意见》进一步强调了提升乡村产业发展水平、提升乡村建设水平、提升乡村治理水平。

不平衡不充分问题确实是农村在当前和今后一段时期客观存在、亟待解决的关键问题。克服发展不平衡不充分难题，核心在于"人"，应围绕保障农民的法律主体地位、法律主体权利，进一步深化农村改革。

具体来说，农村改革需要摒弃以秩序、安全为目标，从尊重人性、体现人道、保障人权角度出发，坚持法律面前人人平等原则，保障农民的自由发展。也就是说，农村改革要解决实现法律平等、保障法律自由的问题，改变一切不利于法律平等与法律自由的制度和束缚。依据法律和法理，改革有碍于实现农民政治平等、经济平等、社会平等、文化平等，有碍于实现农民人身自由、政治自由、财产自由、社会自由的制度和做法等。

从法治角度来看，农村改革的核心应该是破除城乡二元结构、消除城乡流动阻碍，使农民真正享有依据法律和法理所应当享有的权利，使农民成为平等而自由的人，真正实现农民解放。农民享有与其他国民平等的地位和待遇、农民自由支配财产权利、农村民主自治制度应该是今后农村改革的重点，它涉及户籍、集体土地、村民自治等方面的改革和完善。

三、法治理念与法治思维方略的农村改革

我国的农村改革以往主要有村民自发进行的农村变革和国家政策推进（后法律确认）的农村改革两类。村民自发进行的农村变革发挥了村民的主动性与创造性，激发了乡村的内在活力，但也存在合法性困境、持续性困境、普遍化困境。国家政策推进（后法律确认）的农村改革是我国农村改革的主要方式，对统筹提升乡村产业发展、乡村建设和乡村治理水平，提高农民生活水平等具有十分重要的意义，不过也存在政策内涵模糊性、政策更替频繁性、边际效益递减性等局限。

国家政策推进（后法律确认）的农村改革关注法律的价值，但主要体现为辅

助性、事后性特征。深化农村改革应将国家政策推进（后法律确认）的农村改革转变为基于法治保障的农村改革，基于法治理念与法治思维方略的农村改革。

要更好地运用法治思维、法治方式和法治力量，统筹社会资源、平衡社会利益、调节社会关系、规范社会行为、引导社会预期、凝聚社会共识，协调处理好经济与社会、政府与市场、效率与公平、活力与秩序、发展与安全等重大关系，以良法善治推进农村改革，为农村改革提供制度保障。

基于法治保障的农村改革，需要建立多层次的法治保障体系，构建全方位的法治保障环节，形成主导型的法治保障机制。特别是培育相关人员的法律意识、法治理念，建议制定涵盖范围更广泛、系统性更强的《农业农村基本法》，坚持村民依法自治，深化农村土地制度改革，推进户籍制度改革。

需要明确的是，以法治保障农村改革，是通过明确的规则和正当的程序，使改革在合法合理有序的轨道上推进。坚持全面依法治国，在法治轨道上深化农村改革任重而道远。

（作者系清华大学法学院教授、中国农业农村法治研究会副会长，本文为作者在"清华三农论坛 2025"主论坛上的演讲）

热点问题：农村改革

中国乡村现代化的阶段跨越与文化现代化

⊙ 向玉乔

中国现代化的演进历程，既是国家发展战略的迭代升级，也是城乡关系深刻变革的缩影。从新中国成立初期的农业现代化探索，到新世纪新农村建设，再到新时代的乡村振兴战略，中国乡村经历了从单一的以经济建设为中心向全面现代化转型的跨越。而在经济快速发展的同时，乡村文化的现代化重构成为实现乡村振兴的关键命题。

一、中国乡村现代化的三个阶段

第一个阶段是农业现代化阶段。新中国成立之后，到改革开放这段时期，党中央提出了乡村现代化的方案，但党中央对这个方案没有达到高度自觉的水平，所以1954年的时候，第一届全国人民代表大会提出了四个现代化的奋斗目标，其中第二条就讲的是农业现代化。但当时根本就没有讲农村现代化，只是讲农业现代化，说明当时对现代化问题，对农村现代化的认识还没有到特别高的高度。而且农业现代化战略提出来之后，当时所采纳的实践模式基本上是苏联式的，向苏联学过来的一些东西，所以农业现代化，我个人觉得当时认知不够，而且实践也不成功。搞计划经济式的农业现代化实际上是不成功的。我们的农业和整个国民经济一样，最终差不多要陷入崩溃的边缘。

第二个阶段是脱贫攻坚阶段。我认为脱贫攻坚战略是对前面农业现代化战略的再反思、变革和提升。农业现代化没搞成功，后来发现要重新再思考，重新定位农村现代化到底应该怎么做。脱贫攻坚战略的制定，应该说是放眼于整个农村"大的发展格局"来思考问题的，不再仅仅讲农业现代化，而且也更加关注民生问题和人民的温饱问题、生存问题，可见我们农村现代化是再认识再布局的体现。脱贫攻坚绝对不是一个高水平的农村发展战略，而是适应农村发展处于低水平战略上的谋划，目标就是解决农民温饱问题，让大家都有饭吃，不能老是挨饿，它是解决这个问题。但这个绝对不是农村现代化长远的、根本的目标，所以脱贫攻坚是个国家战略，但不是一个高水平的，或者要把农村带向一个高质量发展的战略理念，正因为如此，我们国家需要从脱贫攻坚的战略往前走。

第三个阶段是乡村振兴阶段。中国乡村振兴战略，不仅是对脱贫攻坚战略的提升，更是对接两个东西而产生的战略规划，一是高质量发展，二是中国式现代化，对标的是更多战略理念提出的战略，应该说乡村振兴战略是个更高级的战略，是一个谋大局、谋长远的战略。

对中国乡村现代化大体上要从这三个阶段来加以认知，从单纯的、简单的农业现代化到脱贫攻坚的现代化谋划，再到中国乡村振兴战略的追求，可能有这样一个转变。这种转变恰恰就反映出了文胜院长讲的中国乡村现代演进的主线。

二、中国乡村现代化中的文化现代化

中国乡村要现代化，要有一个系统观念。从系统的角度去思考，中国乡村现代化应该是一个系统的工程。目前中国式现代化是个大的系统工程，不是单纯的经济的现代化或者是其他的现代化，一定是一个系统工程，包含方方面面的全面现代化。文胜院长对于中国的农村现代化提出了一些很好的建议，但是我感觉他更多关注机制体制、政策方案，一个可能你考虑得不太多，虽然讲到了，但讲得不够到位。

中国乡村现代化一定要有文化现代化，因为现在中国农村的问题，根本问题绝对不是经济上的问题，或者物质文明的问题，而是精神文明的问题，文化精神的问题。

哪怕我们制定了很好的政策，也有很好的政策方案，甚至对农民在现代化过程当中所蒙受的损失进行各种各样的补贴，让他们在物质上能够得到很多的回报或者说补贴。但是，如果他们找不到那种所谓的在农村安身立命的存在感、获得感、幸福感，中国农村的现代化或者中国乡村的振兴将沦为空谈，最终必然会成为问题。

现在农村很多人跟中国城市里面人口问题是差不多的，他们找不到根的感觉。他生在农村，但是在农村没有安身立命的根基，而是漂的感觉，身体在农村，但是精神总是漂到别的地方去了，漂到城市里面去了。到了城市之后，他有时候又想着农村，又漂回去了，但是漂来漂去是个大问题。所以现在我们到农村，发现不光是人走了很多，最重要的是农村缺乏精神，甚至流失了。

讲中国农村的现代化问题，一定要讲文化的现代化。其实这些年来党中央讲中国式现代化，特别是党的二十届三中全会，讲中国式现代化其中一条就是讲要搞国家治理体系和治理能力现代化。现在更多是讲国家治理体系和治理能力，特别是国家治理体系，大家关注更多的是社会制度体系、政策体系，但很少有人去关注国家治理体系更为根本的方面，那就是德治体系、文化治理体系，大家很少关注这个东西，特别是道德治理体系。把法律制度和社会制度看得很重，但是道德虽然说确实没有社会制度那么强有力，但是它的作用确实是根本性的、基础性的。如果没这个东西，任何一个共同体的运作都可能陷入崩溃。

虽然道德确实不像法律制度，不像社会制度那么强有力，但是它能发挥基础性、根本性的作用，对维护一个共同体的存在，维护一个集体的存在，是极其重要的。现在的农村都是一个个的共同体，都是一个个的集体，虽然通过推行家庭联产承包责任制把农田都分到户了，现在都是一家一户，但事实上农村还是一个共同体，现在这些共同体的存在都陷入了危机之中，根源在哪里？

文化的核心恰恰就是伦理道德方面的东西。现在我们到农村去，我经常讲人与人道德的冷漠是很明显的。现在农村跟城市越来越接近，人与人之间道德上的相互关爱，都是很冷漠的，这叫道德冷漠。我了解到，甚至在农村不是一家有难、四方伸出援手，而是相互诋毁、打压，相互破坏，很多这样的事情，但是也不是绝对普遍的。

我想表达一个意思，中国的乡村农村现代化，恐怕应该要更多地关注文化，否则我们找不到农村现代化的根本出路。因为农村的人比我们还有钱，有的农民工到外面来打工，他的收入比高校的老师工资还高，但是没有精神家园，找不到存在感、获得感、幸福感。既不可能到农村找到归属感，也不可能到城市里面找到归属感，这种人怎么活？

文化是个人的灵魂，也是国家民族的灵魂。我今天愿意在这里讲文化是农村的灵魂，也是城市的灵魂，一旦丢了魂是无药可救的，拿什么去救？所以研究中国的农村恐怕要启动一个工程——灵魂拯救工程。农村灵魂的重塑工程，这是必须要做的事情。

（作者系湖南师范大学中华伦理文明研究中心主任、教授）

农村改革需要直面农民收入和农业发展问题

⊙ 肖卫

在中国式现代化进程中，深化农村改革需要直面农民收入、城乡二元制度、县域发展，以及农业的多功能及价值实现等事关乡村全面振兴的关键问题。

一、关于农民收入及结构

十多年前，我做关于城乡二元经济结构相关研究时，那时候农民的收入结构与今天的收入结构相比较有很大不同。大家知道农民的收入构成主要有四部分：农业生产的家庭经营性收入、外出务工的工资性收入、转移性收入、财产性收入。那个时候的家庭经营收入跟工资性收入基本是 5∶5 的水平。刚才农业农村厅的副厅长讲到目前农民的外出务工的工资性收入已占到了 70%～80%，说明农民的收入和他们所经营的产业、从事的行业以及身份已经完全不匹配、不对称了。这说明我们的城乡关系、城乡经济结构进入了非常严重的割裂和撕裂的阶段。这背后涉及常住人口城镇化和户籍人口城镇化、农业人力资源开发和谁来种地等系列问题。为了解决这些问题，中央部署了城乡融合发展战略和以县城为核心的新型城镇化战略。然而，从当前这种割裂的城乡经济社会结构来看，我们仅仅靠脱贫攻坚的帮扶和乡村振兴的政策支持可能无法从根本上解决城乡融合的问题，而是需要从更高阶的制度层面来解决问题。

为了更好理解当前农民收入结构，我们可以了解一下大部分中西部县的财政收入情况。湖南作为人口规模较大的中部省，是中央财政转移致富最多的省份之一。我经常拿相当于全国经济总量万分之一体量的县做比较。例如，中部地区大多数人口 30～50 万人的县，县域 GDP 是 100 多亿元，而全国是 130 万亿元，这类县的财政支出大概在 30 亿元，全国是 30 万亿元，相当于万分之一的样子。但是中西部地区绝大多数县一级的自有财力，地方收入大概是 2 亿～5 亿元。2023 年，全国县域 GDP 低于 200 亿元的县数量为 1298 个，这些县大多数人均 GDP 低于 4 万元，地方财政收入不到 10 亿元，就连广东省现有 57 个县市中就有 27 个地方财政收入不到 10 亿元。在当前土地财政不可持续的情况下，这些县保工资、保民生、保运转的财政支出 90% 要依赖中央的财政转移支付。当然，这些转移支付也是拿得心安理得的。我为什么说转移支付可以拿得心安理得呢？因为到目前为止，中国农民工的数量还有 2.9 亿人，湖南也有近两千万人在沿海地区服务于新型工业化，服务于城市化，但是他们的社保、子女的教育、医疗保障都在户籍所在地农村，这级的负担是由县一级财政承担的。我们现在处于社会结构、经济结构二元分割的时期。经过脱贫攻坚和乡村振兴政策支持，看起来现在农村居民收入增长速度要高于城镇居民的增长速度，所以城乡收入的比是不断缩小，但是二元结构系数是不断扩大的。我最近做了一个测算，比较农业和二三产业生产效率的二元结构系数大概是 5～8 倍的样子，但是我们城乡居民收入的比已经小于 2 了。

二、关于城乡二元制度

城乡融合发展要从根本上解决问题，要从制度设计层面发力。然而，我们国家一直实施的是优先工业化、城镇化的发展战略，整个制度设置对农村和农民是非常不利的。我的个人观点是，纯粹的帮扶政策很难从根本上解决贫困的问题。关于贫困问题的研究，在经济学、社会学、政治学领域，有很多经典著作和理论。刚才文胜院长书里面也引用了这两本著作，一是阿马蒂亚·森的《贫困与饥荒》，他是 2008 年的诺贝尔经济学奖获得者，二是班纳吉和迪弗洛的《贫穷的本质》，2019 年诺贝尔经济学奖获得者，这两本书里面的观点其实都值得我们借鉴。《贫穷的本质》中讲到贫穷并不是因为缺衣少食。例如，最新的数据显示当今世界上的贫困人口数量增加了，并不是世界上没有足够的食物，美国每年浪费的食物可能达到了 30%～40%；中国农业大学调查显示，中国一年仅餐饮浪费的蛋白质就高达 800 万吨，脂肪 300 万吨，这相当于 2 亿人一年的口粮。所以贫困的本质并不是没有东西，没有物质，而是这个物质怎么分配，怎么到达需的人手上。因为制度的问题，因为政治体制的问题，导致了这些物质不能分配到所需要的人手上。按照如今世界上通用的贫困标准，全世界目前还有 7 亿多贫困人口。自从 2014 年精准扶贫实施以来，中国花了很大力气，习近平总书记在 2021 年向全世界宣布我国脱贫攻坚战取得了全面胜利，实现了现行标准下 9899 万农村贫困人口全部脱贫。但是帮扶政策能不能从根本上解决这个问题呢？刚才大家也讲了，经济一波动，政府的聚焦力一旦漂离，一部分人可能又重新陷入贫困。京东董事长刘强东原来经常讲一个观点，他是 1992 年考的中国人民大学，那个时候可能有 70% 的同学是农村人口，今天的中国人民大学可能连 10% 的农村户口的学生都没有。现在一个在农村受教育成长的孩子要考上 985 高校的概率越来越低。我们看起来做了很多努力，但是本质上的城乡之间的不平等不均衡还是在加剧。其实我们现在很多制度设置，看起来出发点很好，最后却变成了一种恶的结果。随便举一个例子，普高职高五五分流政策，看起来好像是让一部分中学生尽快进入职业技术专业领域，更加切合新型工业化的人力资源需求。但这个制度事实的结果最后对农村不利，像湖南省如果按照普高职高五五分流，可能农村 70% 的孩子就要到职中去了。

关于制度政策的问题再举一个例子，前段时间跟我原来共事过现退居二线的县委书记聊到这个问题，他是怀化学院中文系 81 级的，他讲到一个 81 级现象，他们那一届 70 个学生涌现出了各类拔尖人才，有从事文学创作成为省作协主席的，有从政担任地市政协主席的，还出了几个县委书记。我后来跟他回了一句话，我说你再去查一下 2001 级，即我们这一代从怀化学院中文系毕业的学生，就没有这种跨越阶层的现象，阶层固化之后跨越阶层的通道越来越艰难了。那个时代大学毕业包分配，他们基本上走上了各个行政岗位或者公职单位，他们通过一步步成长，都能在各自的岗位上比较顺利地成长起来，哪怕是农村出身也有这样的机会。现在的孩子，如果是怀化学院毕业的，靠自己考公成功的比例是很低的。靠自己去当学者，再考研究生，考博士，可能这个通道好一点，没那么固化。现行的制度体系下阶层跨越的通道越来越狭小，对于农村的孩子来说跨越阶层越来越难。这表明很多制度设置从本质上来说，对农业农村和农民也是不利的。最后想通过帮扶这种短暂性的拯救式的方式，可能不能解决根本的问题。

三、关于县域经济发展面临的几大陷阱

大家知道，亚洲开发银行 2007 年的报告里面提出了"中等收入陷阱"，说人

均 GDP 到了 8000 ～ 12000 美金的时候，发展可能会陷入困境，不能顺利进入高收入国家行列。特别是对于中国这样一个大区域来说，发展不均衡，内陆地区差不多就陷入了这个陷阱中了，大家也可以看到现在的经济状况。

由于中国 1800 多个县处于不同的发展水平和阶段，经过高速度增长的 GDP "锦标赛"，各自所面临的发展陷阱和困境也不一样。中西部大多数县处于"低水平均衡陷阱"阶段，由于"土地财政"不可持续，县级产业开发区等新的替代财源尚未形成，沉重的地方债务让谋发展犹如"戴着镣铐跳舞"，这些县无法通过自生动力实现县域经济发展的阶段跃迁。公开披露的贵州独山县 2023 年财政收入 5.18 亿元，各类债务总额达到 400 亿元，借贷利息普遍是 10% 以上。有些县正在经历"中等收入陷阱"，拉美国家在人均 GDP 达到 7000 ～ 12000 美金的中等收入阶段，各种因素导致经济增长动力不足，纷纷陷入经济停滞或增长缓慢的状态。我国一些县市曾经一度凭借资源禀赋和区位优势获得经济快速增长，这些年资源枯竭、人力资源短缺、社会不平等加剧、经济结构单一、创新能力不足等导致县域经济增长停滞或放缓。有些县还在经历"斯蒂格利茨怪圈"，在国际资金循环中，新兴市场国家以高成本从发达国家引进资金，然后再以低收益的形式将资金回流到发达国家，形成一种得不偿失的资本流动怪圈现象。过去 10 年，大多数中西部县域银行存贷比长期低于 50%，这意味着县市居民以极低的利息把钱存入银行，而县域发展所需的政府投资和社会投资需要以较高的利息借出来。县级政府平台公司由于缺乏抵押物，很长一段时间以年化利率高于 10% 的私募、信托、融资租赁等"非标"金融产品还本付息。这也是地方隐性债务形成的重要原因。总之，当前县域经济一个共同的特征是：背负着沉重的地方债务谋求快速发展，犹如"戴着镣铐跳舞"；"以地谋财"不可持续后的县级财政早已入不敷出，依靠"寅吃卯粮"勉强维持"三保"（保工资、保民生、保运转）。

四、关于农业的多功能性及价值实现

我们说农业是国民经济的基础，它不仅保障国家粮食安全，拥有经济功能，还有社会功能和生态功能。1992 年联合国环境与发展会议通过的《21 世纪议程》正式采用了农业多功能性提法。1996 年世界粮食首脑会议通过的《世界食物安全罗马宣言》和《世界粮食首脑会议行动计划》中明确提出将考虑农业的多功能特点，促进农业和乡村可持续发展。

农业多功能性的社会、政治、文化和生态等功能的最大作用特点就是公共性，对全社会产生作用。农业作为国民经济基础，更多体现其外部性和公共性，外部性是农业功能的基本特征；内部性和专用性功能只占农业总功能的一小部分。农业的多种功能并没有在市场上得到价值实现，也就是说农业除了提供农产品的基本功能外，在调节生态、传承文化、维持稳定等功能方面，表现为效用的外部性或公共性，个人和市场主体并没有为其支付价格。例如，种植粮食的比较效益低导致农民种粮积极性不高，而人口大国要确保国家粮食安全，地方政府必须压实粮食播种面积的责任，这一现实矛盾一直是农民基于收益最大化的两难选择，也是地方政府非农化非粮化整治的难题。我经常用的一个比方，到目前为止，我们的粮食还是一块多钱一斤，随便一瓶矿泉水都卖到两块钱一瓶了，这就是农业的多功能价值没有实现。所以说，非粮化整治背景下提高种粮比较效益的模式创新，是摆在我们面前的一个重大课题。现在，国家发改委正在推动生态产品价值实现的试点，这也是实现农业多功能价值的有效方式。现代很多地方在创新农林产品生态价值实现模式，但是真正要实现这个机制，让老百姓拿到收入的方式还是非常有限的。还有社会功能，我经常讲发展农村集体经济不是单纯的一项农村经济，农村集体经济还具有民生功能和治理功能，农村集体经济发展就不能简单算经济账，那么它的民生功能和治理功能怎么实现，还需要继续探索和创新。

这些年无论是脱贫攻坚期间还是现在的乡村振兴阶段，农业和农村投入的资金并不少，湖南省每年乡村振兴和脱贫攻坚有效衔接的财政资金大概是在300亿～500亿元，每个县也是2亿～3亿元不等。但是高标准农田建设也好，农田水利建设也好，都是以招投标项目化的形式落地，最后中间很大一笔资金是被各级施工方拿走了，真正落到实地改造的工程款是很少的，当地老百姓得的实惠也是很少的。最近几年国家发改委加大了"以工代赈"项目实施力度，在改造农业生产和农村生活条件方面发挥了很好的作用，也能够有效促进当地农民增收。今后，农业农村的项目实施可以考虑怎样更好地实现农业多功能价值和促进农村集体经济发展方面。

（作者系湖南省怀化开放大学校长、研究员）

脱贫攻坚与乡村振兴有效衔接的历史逻辑

⊙ 蒋俊毅

　　要理解脱贫攻坚与乡村振兴有效衔接的丰富内涵，必须要从脱贫攻坚和乡村振兴的历史逻辑来理解和认识为什么要衔接和怎么衔接这两个宏观问题。

　　首先是为什么要"衔接"。需要衔接表明农业农村发展的这两个历史阶段的背景、特征和任务存在明显的差异性，同时，这两个历史阶段又是相互关联的，这就决定了要实现农业农村现代化，必然要处理好巩固拓展脱贫攻坚成果同乡村振兴有效衔接的问题。

　　一方面是农业农村发展的时代特性决定的。当前，中国农业农村发展的历史背景已经发生了深刻变革，经过40多年改革开放之后，通过全面小康社会的建设，人民群众的需求也发生了变化，乡村发展面临的一个重要的时代特征就是人民群众从解决温饱问题后进入追求美好生活的新阶段。与此同时，发展不平衡不充分问题又还存在，在一些方面还比较明显，从时空上看，必然存在一个过渡时期,这个时期本质上就是两个历史阶段的"衔接"过程。

　　另一方面，农业农村发展的连续性决定了必然要做好衔接。社会变革、生活的发展不是一蹴而就的，都是一个连续性的发展变化的阶段。我们从解决温饱问题的阶段，到基本实现小康阶段，再到实现更高发展的过程当中，必然是一个逐步发展的过程，在这个逐步进步的过程中，各种矛盾此消彼长，许多问题相互交织，要实现更高层次的发展，在政策上必然要有一个过渡和缓冲，也就是需要一个"衔接"的过程。比如，脱贫攻坚时期，政策上主要以精准的、点状的为主，乡村振兴则要以面上的发展为主进行政策转变，这个过程当中政策是不能断层的，所以需要衔接。

其次是怎么"衔接"的问题。一是农业农村发展目标上的衔接。脱贫攻坚阶段的主要目标是让广大的农民同步实现全面小康，解决的是小康不小康的问题，乡村振兴是实现脱贫攻坚后乡村的新的发展战略，其目标一方面是要稳定全面小康的成果，并且在全面小康的基础上，扎实推进共同富裕，也就是说主要目标转向了共同富裕的问题。因此，在目标上，要把全面小康和共同富裕衔接起来。二是农业农村发展动力衔接的问题。农业农村发展，从动力来源来看，既有外部动力又有内生动力，脱贫攻坚时期，主要是依靠外源性的动力，是以外部输血为主的方式来推动贫困地区在较短的时间里实现"两不愁三保障"，促进贫困地区向前迈上一大步。通过"输血"培养了一部分"造血"的能力，但是，从根本上来讲，还没有解决乡村发展主体通过自身的努力，或者通过内生动力实现可持续发展的问题。因此，动力衔接是一个重点的方面。三是乡村治理的衔接。在脱贫攻坚阶段主要是要发挥党建的基础性作用，在党的领导下，以政府主导的治理机制下的乡村发展的问题。乡村振兴更多应该通过党建引领，通过各方面的综合施策之后实现自治与德治的有机结合。

（作者系湖南省社会科学院机关党委专职副书记、副研究员）

构建以农民为主体性的新乡村文化

⊙ 彭秋归

习近平总书记在文化传承发展座谈会上的重要讲话中，论述了中华民族作为一个文明体的文化主体性问题，明确指出"有了文化主体性，就有了文化意义上坚定的自我，文化自信就有了根本依托，中国共产党就有了引领时代的强大文化力量，中华民族和中国人民就有了国家认同的坚实文化基础，中华文明就有了和世界其他文明交流互鉴的鲜明文化特性"。这一论断同样适用于农村地区从脱贫攻坚到乡村振兴转型过程中的文化建设，其中乡村文化主体性的问题尤为关键。

在脱贫攻坚阶段，尽管政策层面并未明确提出"文化脱贫"的概念，但通过文化惠民、文化教育、文化设施建设等方面的展开，实际上已经在推动这一进程。显而易见，这一时期的文化入乡更多地体现为农村基于原生文化不断接受外来文化输入的过程，农村地区由此成为各种文化交流、交融、交锋的场所，这一进程不断重塑着乡村新的文化形态。进入乡村振兴阶段后，我们明确提出了乡村"文化振兴"的要求，乡村文化发展由此进入了新的阶段。当然现在还处于这个整体历史过程的起步阶段，等真正到了乡村文化振兴的时候，才是乡村文化建设从被动接受转变为吸收融合和主动创造、乡村文化主体性得到真正确立和强化的时候。因为只有具备了文化主体性，一种文化才能立得住、行得远，才能有引领力、凝聚力、塑造力、辐射力，才能为其他领域提供源源不断的内生精神力量。

然而，从当前的衔接阶段来看，我国许多农村地区的文化主体性尚未完全建立。尽管农村地区已成为各种文化的汇集交流之地，但是当前在农村的文化并不一定就是农村文化，也不一定就是农民的文化。在农村的文化中，可能包含很多尚未落地生根还处于漂浮状态的城市文化、外来文化，而非完全以农民为创造主体的、由农村生产生活中自然成长出来的、老百姓日用而不知的文化形态。随着乡村振兴战略的推进以及农村地区与城市地区人员往来和信息交流的增加，当前农村地区可能更多地呈现出一种城市文化和农耕文化、现代文化和传统文化、主流文化和非主流文化并存的多样态的文化复合体。

构建文化主体性是一个复杂的过程，它需要基于诸多条件，如一定的经济基础、一定的创造主体、一定的传播体系。以传统的农耕文化为例，其基础经济是小农经济及其配套设施，其创造主体包括乡贤、科举落榜者、教书先生、返乡官员等，其传播载体则有私塾、宗祠等。而走向现代化的农村，小农经济逐渐转向机械化和社会化服务，有文化的农民或从事文化创造的农民大量迁往城市，原有的传播体系也逐渐衰落，导致整个农村文化生产体系、教育体系、传播体系在许多地方已经不复存在。我们现在讨论乡村文化主体性或乡村文化的创造实际上面临着"皮之不存，毛将焉附"的困境。如何在现代化的条件下重构乡村文化，创造真正属于农民的文化，确立乡村文化主体性，这依然是一个需要我们长期努力和探索的艰巨任务。

因此，我们需要重新审视和定位乡村文化，从农民的文化需求和文化创造出发，重新构建农村文化生产、传播和教育体系。一方面，我们要重视农民的文化主体性，鼓励农民积极参与文化创造和传承，让农民成为农村文化的主人。另一方面，我们也要借鉴城市文化和外来文化的优点，吸收其精华，融合到农村文化中，形成具有时代特征和地域特色的农村文化。

同时，在乡村振兴阶段仍要继续加大对农村文化建设的支持力度，提供必要的资金、技术和人才支持，帮助农村地区建立和完善文化设施，提高农民的文化素质和创造力。只有通过全社会的共同努力，才能逐步构建起具有强大主体性的农村文化，让农村文化在现代化进程中焕发出新的生机和活力，为农村地区的发展注入强大的文化动力。

（作者系湖南省社会科学院马克思主义研究院助理研究员）

乡村伦理

充分发挥传统美德在健康乡村建设中的积极作用

⊙ 黄泰轲　张芹

　　健康乡村建设是健康中国建设的基础，也是实现乡村全面振兴的基础。中国古人讲"仁者寿""大德者必得其寿"，将道德与健康长寿紧密联系起来，创造并积淀了内蕴丰富的健康伦理文化。推进健康乡村建设，除了要提升乡村医疗服务水平和公共卫生服务能力外，还需充分发挥中华传统美德守护和促进健康的作用。特别是在乡村卫生健康资源相对薄弱且其提升需一个过程以及乡村仍保留较多传统道德文化的现实情况下，充分发挥传统美德的这种积极作用尤显自然与重要。

一、以德养生：发挥传统美德在引领个体养生方面的积极作用

　　古人讲"以德润身""以德养生"，意思是依靠践行某些美德、过一种道德的生活从而预防疾病、保健延年。纵观中国传统社会，在医疗卫生资源与条件相对有限的情况下，人们以德养生"治未病"的意识强烈、效果明显。这一点从许多养生类书籍中可以看出来，他们基本上都会强调并宣扬"养生重在养德""养德尤养生第一要"之类观点。

　　实践证明，许多具体的传统美德德目具有养生功效。清代名臣张英在《聪训斋语》中说："昔人论致寿之道有四，曰慈、曰俭、曰和、曰静。"这方面，我们还可以总结更多。比如：节制、俭朴、勤劳等美德，使人生活清淡，不贪图享乐，不穷奢

极欲，远离病从口入、纵欲成疾的各种健康问题；和善、仁慈、宽厚等美德，使人与人为善，不结怨记仇，不仅避免了来自他人的身心伤害，而且还能在一种人情和美的愉悦心情中保持与增进健康；顺天、惜福、感恩等美德，使人与大自然保持一种和谐，不逆天而为，不怨天尤人，敏于四季变化，乐享自然馈赠，在早睡早起、防冷防热、知足常乐中守护健康。上述美德引领人们在日常生活中养成饮食有节、起居有常的良好生活方式，保持开朗心境、快乐心情，从而达到减少疾病并延年益寿的养生目的。

包括乡村社会在内，现代社会很多疾病是人们在生活中贪图享乐、大吃大喝、日夜颠倒而来。"与其病后善求药，不若病前善自防"，推进健康乡村建设，一个重要工作是疾病预防，关键在于宣传普及健康生活方式。健康生活方式强调人的精神安乐，强调饮食的节制及起居的规律，强调人与自然的合拍。传统美德能够帮助人们匡正思想行为过失而过一种心平气和、遵规守矩、和谐万物、自得其乐的生活，在引领乡村居民塑造健康生活方式、预防疾病发生、实现健康长寿方面作用巨大。

以德养生尤其可以从乡村长寿老人身上生动体现出来。许多调查、访谈表明，他们健康长寿与其身上所具有、所践行的一些传统美德息息相关。据 2023 年 10 月 23 日的《丽水日报》报道：在"中国长寿之乡"浙江丽水，80 岁以上老年人占老年人口 16.1%，他们中还有许多百岁老人并且大部分生活在乡村，心胸豁达、勤劳俭朴、为人和善、清淡自然是他们长寿的"奥秘"。这启示我们，可以通过讲好乡村长寿老人以德养生的榜样故事，充分发挥传统美德在引领乡村居民防病养生方面的积极作用，进而推进健康乡村建设。

二、孝亲敬老：发挥传统美德在助力家庭养老方面的积极作用

孝亲敬老是中华民族的传统美德。在中国传统社会的家庭生活中，这一美德对人们提出了许多具体的行为要求。比如："父母在，不远游"，尽量在父母身边照料他们；"冬则温，夏则清"，时刻留意父母冷暖寒热；"能养"加"敬养"，不仅努力满足父母的物质需求，还总是和颜悦色对待父母，使父母常生欢喜、心情愉悦；"知医为孝"，要求将父母的健康与安危牢记在心并主动学习掌握一些医学知识，以便在父母急需时派上用场。总而言之，在日常的家庭生活中，孝亲敬老要求人们从陪伴、冷暖、饮食、精神、疾病等各方面对家里的父母及其他长辈予以无微不至

的关怀和照顾。这对于守护老年人的身心健康作用极大。

乡村老人群体是健康乡村建设的工作重点群体。相关统计数据和研究成果表明，中国社会呈现"乡村先老""乡村快老""乡村更老""乡村高老"的情况。也就是说，相较于城市，中国乡村人口老龄化起步更早、进程更快、程度更深、80岁及以上高龄老年人口占60岁及以上老年人口比重更高。这一状况凸显了乡村养老面临的艰巨任务和巨大压力。假如不能很好解决乡村老人的养老问题，其健康照护就成为一大难题，这种情况势必会影响甚至迟滞健康乡村建设的推进。

尽管现代养老方式多样，但家庭养老仍旧是乡村老人最主要的养老方式。这种情况下，要大力继承、弘扬中华传统孝亲敬老美德，使乡村老人在家庭生活中得到悉心照料，特别是他们的健康状况，能够被子女及其他家庭成员从饮食营养、穿衣冷暖、医药卫生等方面尽力守护。

在上面提到的《丽水日报》报道中，丽水乡村百岁老人基本上依靠子女养老，他们中许多人健康长寿与儿孙孝顺密不可分，比如"老人的家庭十分和睦，子孙个个事业有成，虽然并非富裕之家，但老老少少关系十分融洽""孩子们都十分关注老人的身体状态，经常陪伴在身边，让老人享受天伦之乐"。总而言之，在目前乡村老人退休金普遍较低且乡村公共养老事业还不发达情况下，恰是子女或其他晚辈孝亲敬老的责任意识与行为担当，解决了乡村老人养老及健康照料问题。孝亲敬老这一传统美德对健康乡村建设起到了非常重要的助力作用。

三、团结互助：发挥传统美德在抵御健康灾险方面的积极作用

俗话说"天有不测风云，人有旦夕祸福"，一些突然发生的天灾人祸，比如地震、泥石流、山洪、暴雨、交通事故、生产事故、重大疾病、公共卫生事件等，往往对人们人身安危与生命健康造成极大伤害。积极防范、有效应对上述健康灾险是健康乡村建设的重要工作内容。

"灾害无情人有情"，中华民族在抵御重大灾险过程中形成了许多优良传统，比如"精诚团结""众志成城""守望相助""一人有难，八方支援"等，这对减少因灾伤亡、守护生命安康至关重要。对中国传统社会而言，专门性抗击灾险的组织、队伍、技术等匮乏，民众的团结互助尤显重要，它在抗击灾险过程中展现出重大力量和重要效果。

有学者认为现代社会是"风险社会"。身处"风险社会"，人们面临更频繁、

更多样、更复杂的健康灾险挑战。乡村抗击灾险的公共资源有限、应急能力薄弱，在遽然而至的健康灾险面前，更要第一时间发扬团结友爱、互帮互助的传统美德，将族人、亲朋、乡邻等动员和联结起来，共抗灾险、帮扶伤亡，使乡村居民的生命健康得到最大程度守护。

个体在独自面对灾险时最无力、最无助。乡村居民对自身独自被卷入的一些突发性的安全事故及重大疾病尤为恐惧。在健康乡村建设过程中，要对这些不幸个体予以关怀照顾，特别是要团结更多的人去关爱、帮助他们。我们注意到，许多遭遇重大伤残或重大疾病的乡村居民，正是在亲朋好友及社会爱心人士的帮扶下，才逐渐康复或好转的。国家下发的《关于推进健康乡村建设的指导意见》明确指出，对那些遭遇重大疾病因病返贫的乡村居民，除"落实医疗保障政策"外，还要实施"精准帮扶机制""社会救助措施"，"引导社会力量予以帮扶"，这是对团结友爱、互帮互助等传统美德在健康乡村建设中发挥积极作用的认可和利用。

中华传统道德文化内蕴养生智慧、孝老基因、抗灾精神，能够为乡村居民养生保健提供引领和滋养，能够助推乡村居民强化养老意识与担当，能够生成凝聚力量、帮扶力量帮助乡村居民抵御健康灾险。推进健康乡村建设，除要注意强化卫生健康资源投入及提升医疗服务水平外，还要注意普及健康生活方式预防疾病、加强重点人群健康关怀与服务、防范及抵抗突发灾险带来的健康伤害。在乡村社会大力弘扬勤劳节俭、仁爱友善、和顺自然、孝亲敬老、团结互助等传统美德，对上述几方面工作的开展大有裨益，起到直接、积极推动作用。

［作者黄泰轲系湖南师范大学中华伦理文明研究中心副教授，张芹系长沙医学院马克思主义学院助教；本文系湖南省教育厅科学研究重点项目"儒家健康伦理思想及其对健康中国建设的启示研究"（23A0079）的阶段性研究成果］

地方红色文化融入农村教育的价值与路径

⊙ 周青民

在当前我国广大的农村地区，随着农民生活水平的不断提升、新型生产方式的发展以及随之而来的农村经济社会结构的变化，农村教育问题越来越成为一个重要话题，这一话题也得到了很多研究者的关注，并展开了多种维度的探讨。综合梳理当前的研究视角，我们发现从地方红色文化角度来谈农村教育话题，借此发现切实提高农村居民整体文化素养与思想意识的策略和路径，这个方面存在进一步推进研究的必要，这在一定程度上也符合了时代与社会发展的基本要求。

一、地方红色文化融入农村教育的价值

第一，可为农村教育振兴提供方向引领。

乡村振兴属于一项系统工程，教育振兴是乡村振兴的基石和助推器，教育振兴既要有经济途径，也要有文化途径，尤其是特色文化途径。地方红色文化融入农村教育便是服务农村教育振兴的重要途径之一。

教育振兴的关键一环便是如何在乡村场域通过教育途径来培育人才。地方红色文化是既有资源，在农村当地也属于比较容易被人们所接受的特色资源，这既可以很好地降低教育成本，又能够与优秀历史文化传统实现有效衔接，可以为农村学校教育注入更多活力。拿农村学校劳动教育来说，融入地方红色文化，一方面可以红色文化的本土性来滋养劳动教育，使之凸显地方特色与

校本特色，另一方面，通过劳动教育课程也可使得以地方红色文化为代表的地域文化资源被学生全面充分认知，激发学生的家乡自豪感和荣誉感。这既能培养学生的创造能力、参与意识，又能坚定学生的理想信念，筑牢其思想根基。教育内容的本土化、教育手段的地域针对性都会成为农村劳动教育丰富化的重要实现方式。对于农村成人教育而言，融入地方红色文化也无疑是一种有效的方式。乡村振兴的出路在于教育，教育振兴的出路在于激活农民干事创业的内在动力，红色文化在农村空间的充分利用和有效传播，可以激发农村成人的生活热情，涵养他们的文化自信，强化他们的奋斗、自立与奉献的意识，促进他们积极参与乡村振兴建设事业，进而推动新时代农民意识的现代化转型。

第二，地方红色文化融入农村教育可为农村文化建设提供资源保障。

文化是乡村振兴过程中凝聚力量的重要途径，属于农村发展的重要的精神内驱力。在一定程度上，文化建设将影响到包括民生、生态、治理等在内的农村发展水平的整体性提升，特别是优质文化资源在推动农民文化品质提升、增强文化自信、净化乡村风气等方面都发挥着重要作用。文化建设属于乡村振兴这项系统工程的重要一环和基本目标。邓小平同志曾指出，农村文化建设有"两个关键"要抓好，一是发展农村教育，二是发挥农民群众的积极性。地方红色文化融入农村教育既能够很好地调动农民群众的积极性，又能够最终指向文化建设这一重要目标，红色文化有正能量和鼓舞人、塑造人的优势，可以充分发挥自身的育人价值，激发农民群众的价值认同感，强化农民的社会理解能力，涵养农村地方文化内涵，增强农村文化软实力，成为实现乡风文明、乡村文化健康发展的重要指引方向，对于农村文化建设而言无疑具有助推作用。

二、地方红色文化融入农村教育的策略

第一，以宣传为先导，多方位建构地方红色文化认知意识。

充分发挥媒介宣传作用，引导广大农民群众积极了解和学习红色革命文化传统，这需要多种渠道，并且寻找到与农民相切合的方式和途径。随着网络技术的深入普及，农村未成年和成人都越来越有机会接触网络，特别是微信、快手、抖音等平台已成为人们获取信息的重要工具，且不受时间限制，具有随时性。因此，有效利用网络宣传媒介可以获得很好的宣传效应，容易造成民众多元参与的可能性，还可以适度地将针对城市企事业单位、城市学生等群体的思想政治教育方式

融入相关宣传当中，以大数据和智能化手段定向发送信息，从而使得农村教育拥有丰富的红色文化载体，获得有力的平台依托。另外，广播电视在农村是比较常见的媒介平台，仍然是农村地区覆盖范围较大的具备优势的主要宣传阵地，电视宣传的引领作用在农村仍然有着巨大的效果，尤其对于老年人更具效力。将地方红色文化融入广播电视节目当中，加强相关内容的宣传和推介，这是一种并不过时的举措。

总体来看，这种宣传要多方位执行，多管齐下；照顾整体，关注联系性；善于变化，不忘准确性；采取相互配套的工作方式，在新时代背景下实现新旧报道空间和报道课题的融合，共同建构红色文化认知意识。另外，这种宣传应当避免传统说教，降低反感率，增强互动性和趣味性。

第二，基于日常场景，以多种方式达成红色文化的实物呈现。

一般情况下，研究者往往强调红色文化旅游对于农民日常生产生活的融入，其实对于农村居民来说，地方红色文化应该是可知可感的。为了提高红色文化在农村的认知度，就要让红色文化以一种更具生命力与感染力的方式扎根在百姓的日常生活之中，基于普通的生活场景，以平易质朴的方式，在潜移默化当中发挥红色文化对于农村教育发展的引导作用。

一方面，我们需要通过媒介的宣传和传播来培育农民群众介入精神生活的主动性和积极性，另一方面我们还必须以实物的形式，以视觉化的方式传递相关信息，要让人们看到红色文化信息的具体内容。比如，在东北农村有很多抗联文化遗存，例如吉林延边的东满抗联遗址、长白山老黑河抗联遗址、白山市抚松县仙人桥镇黄家崴子抗联纪念馆等，这些都可以成为农村教育的资源，以就近原则向农村居民敞开，让他们切实地接触到这些文化资源。另外，农村也可依托以红色文化主题布置的场馆、村文化室、农村讲堂等开展相关文化展示工作，或者以文化广场的方式复制红色文化实物，促使人们获得丰富的红色文化认知，推动精神传承和群众认同感的实现，从而使农村基层社会在新时代发展中实现群众物质生活与精神生活协同发展。

第三，因地制宜，寻找地方红色文化与农村教育的最佳结合点。

因地区空间差异，地方红色文化的"融入"必须实现因地制宜。

寻找到内容方面的最佳结合点。由于农民文化水平的限制，在地方红色文化与农村教育的结合方面，人们要找到老百姓喜闻乐见的内容和亮点，要充分考虑到广大群众的切身利益和内在需求，针对不同年龄段、不同性别的人群，结合当地农村的人文资源、风俗习惯以及历史文化传统等层面展开教育活动，这种教育不能与当地生产生活实际脱节。通过丰富的资料不仅要深度还原历史，还要努力拉近英雄人物、历史事件与农民的时空距离感。另外，地理位置、经济差异都会造成农村红色教育资源配置不均，红色文化资源丰富地区往往是老少边区，经济条件好的地区反而可能缺乏红色遗址等资源，这样便需要根据一些实际情况解决问题。尤其在一些地广人稀地区，如若实地体验无法实现，便须因地制宜；有些地区红色故事和传说比较多，就要集中展示；有些地方红色歌曲比较多，就要充分挖掘。

寻找到形式方面的最佳结合点。一些研究者强调要以多种形式激活红色文化资源，这种观点在农村教育方面仍然适用。要充分考虑农村各地实际情况，比如南北差异，东北的农村百姓就非常喜欢二人转等土野的艺术形式，将这种形式应用于红色文化传播，是比较合适的，各地还可以尝试引入民间故事、评书、戏曲等形式。还比如，有的地方会以农村常见的生产生活材料为依托，设置红色文化浮雕等实物形式，鲜活而有特色，也有意义，更能激起人们的观赏兴趣。

总而言之，要实事求是，着重突出地域特色，构建科学、合理、高效的红色文化传播体系，促使农村成人教育取得突出效果。

除上述策略外，地方政府需要主动介入，进行制度建构，做出政策倾斜，为相关融合动作提供动力。此外，我们还要注意到这样一个问题，上述所谈到的融入策略不仅指向农村成人，对于学校教育而言也是适用的，我们还必须看到学校教育的特殊性，特别是农村学校教育的特殊性。学校教育是红色文化传播的重要途径，学生的接受能力与思维方式都与成人不同，因此在"融入"过程中，应当采取更为多元的方式、更为现代的技术传递更为丰富的思考内容，将学生引入深入的思考过程，通过红色文化提升教学内容的丰富性，提升农村学校教育的发展质量，使得广大农村青少年在获得文化自信的同时以特有年龄的责任担当实现文化自觉，进而达到文化自强，这将有利于农村教育的可持续发展。

［作者系吉林师范大学文学院副教授，博士。本文为吉林省教育科学"十四五"规划2022年度一般课题"吉林省中小学劳动教育实施现状调查及相关实践策略研究"（项目编号：GH22564）阶段成果］

"乡下人悲歌"的哲学内涵反思

⊙ 陈亮升

　　特朗普与泽连斯基在白宫会谈爆发激烈争吵的视频一经在网络平台传播，迅速引发"现象级"关注度。网友们津津乐道美乌双方最高领导人在争吵中频频爆出的"金句"，尤其对美方80后副总统 J. D. 万斯在椭圆办公室现场咄咄逼人的态度与言行谈论不休。这继而引发社交媒体上人们关于超级大国总统副手人设和人品的大吐槽。J. D. 万斯本人在2016年出版的个人回忆录《乡下人的悲歌》再度进入公众评论的视野。在 J. D. 万斯成功当选副总统的高光时刻，人们从阅读《乡下人的悲歌》中一度感佩作者对铁锈地带贫困白人群体命运的关注，并在内心深处赞叹作者堪称现时代"美国梦"的代言人。时至今日，人们已不再迫切留意那本畅销书原本叙述的主题。他们意在检讨像 J. D. 万斯那样出身于普通家庭的底层人士历经千辛万苦实现阶层跨越后，到底能否做到恪守初心，表里如一，德位相配，行稳致远。就此而言，关于 J. D. 万斯笔下"乡下人悲歌"内涵的理解正被推向更深的层次。

　　事实上，社会学、政治学以及心理学领域的研究者们已对"乡下人悲歌"给出多维的解释。既有的研究表明，"乡下人悲歌"是社会阶层固化、个体上升通道堵塞的艰难境况写照，其中成因不乏国内精英剥削、国外产业竞争、个人精神怠惰等具体因素。然而，从哲学的视角看，阶层跃升的困境并不能道尽"乡下人悲歌"的全部内涵。对"乡下人"而言，即便通过自身不懈的努力完成逆袭，人生路上可能还会遭遇更加深沉而复杂的"悲歌"。对此，本文将立足中国社会语境，从人的思维、情感和欲求能力的维度揭示"乡下人悲歌"的哲学意蕴。

一、"乡下人悲歌"与认知能力的僵化

阶层跨越常常被视为个人奋斗的胜利。然而，对于众多出身普通家庭的奋斗者而言，这场跨越不仅是经济地位的跃升，更是一场与原生家庭环境塑造的思维模式持续抗争的过程。当个体通过教育、机遇或时代红利突破阶层壁垒后，早年生存经验所形成的认知惯性往往成为他融入新阶层的隐形枷锁。这种认知能力僵化主要体现为对过往成功模式的路径依赖，以及对社会规则运行逻辑的刻板理解。

普通家庭出身的奋斗者阶层跨越的实现往往依赖于个人的极端自律以及时间和金钱等资源的高效利用。这使得他们容易将"天道酬勤""吃得苦中苦，方为人上人""努力决定一切"这类信条奉为真理，并形成对苦尽甘来式成功模式的单一化认知。他们执着地认为，人只要肯吃苦，愿奋斗就能够克服学习、工作和生活中的一切艰难险阻。为此，在以师长、领导的身份关怀子女或下属时，阶层跨越的成功者乐于以"吃过的苦比年轻人吃过的盐还多"的过来人姿态自居。他们批评现如今的年轻人遇事"吃不得苦"，为此期望子女或下属复刻自己"悬梁刺股"式的奋斗底色。在此种认知方式下，机遇、环境、天赋等在一个人成功中所起的实际作用被忽略，甚至思维变革、观念创新在新时代新人、新行业崛起中的巨大效用被选择性回避。当新生代年轻人被言必称"想当年我们条件多么艰苦"的前辈们批判不够吃苦耐劳，不够踏实努力时，他们的内心其实并不会心悦诚服地接受苦情式教育的洗礼。相反，年轻人会以"认知配得上苦难""没苦硬吃"和"只要你肯吃苦，就会有吃不完的苦"这类新观念质疑吃苦耐劳在现时代的美德价值。由此，前辈们所依赖的成功路径就俨然化作一套充满悲歌色彩的道德说教。

由于长期处于资源竞争相对劣势的生存环境，家庭出身普通的阶层跨越者们对社会规则运行的逻辑形成两极化认知。他们既过度迷信学历、职称等制度性门槛，将其视为阶层跃升的敲门砖，又坚定信奉"关系至上""有钱就是王道"这类的"潜规则"逻辑。在那些实现阶层跨越的过来人看来，一切社会优质资源都需通过利益交换获取，而金钱可以解决世上 99% 的问题。社会规则的运行原本就存在着两套并行不悖的逻辑：一套是显性的，另一套则是隐性的。前者是写入规章制度的，明面上对所有人无条件适用。然而，社会规则的实际运作并不总是依照显性逻辑。如果一个人太过于老实遵守显性规则，那么毕其一生他只能成为一个庸碌无大作为的常人。反观那些事业有成的社会成功人士之所以能够从庸常大众中脱颖而出，正是因为他们在熟悉社会规则显性运行逻辑的同时，又十分注重钻研和利用隐性

运行逻辑为自己获利。相较于前文所论及的认知僵化，有关社会规则运行逻辑的僵化认知显得更加牢固不可动摇。阶层跨越成功的过来人深信通过得心应手地运用"潜规则"或规则的漏洞来为自身获取利益和成功实乃一种聪明、高效的方式。他们从不会反省如此做派是否招致严格遵守规则之人的厌弃。在旁观者看来，一些依靠所谓"潜规则"成功"上位"的普通人与其说是人情练达、实践智慧老练的人生赢家，不如说是自作聪明、机关算尽、信誉透支的野心家。"成功人士"在言谈举止里越是表现出他个人对社会"潜规则"运行逻辑的驾轻就熟，就越是显示出其内心深处对现代社会规则运作逻辑的无知和淡漠。"成功人士"自视拥有比那些通过严守规则取得成功的老实人更有"手段"和"本事"。然而，"老实人"并非愚蠢之辈。在他们眼里，那些"手段"和"本事"充满悲歌色彩。它们无不是阶层跨越者费尽心机地用以通过"服从性测试"的验证码，过时即无效。

二、"乡下人悲歌"与共情能力的淡化

无论是在现实社会还是网络世界，"寒门贵子"逆袭的故事总能引发集体的喝彩。值得注意的是，当成功跨越阶层的普通人站在新世界的门槛上时，一个隐秘的变化正在发生：他们对原属群体的苦难逐渐失去感受能力，曾经刻骨铭心的苦难记忆逐渐变得模糊。这种共情能力的淡化不是简单的道德滑坡，而是一个人长久地站在自身感受看问题后必然形成的情感视域盲区。

当出身乡村的寒门子弟凭借自身努力迈入城市精英圈层，其共情能力趋向淡化的显著标志就是对原先自己所属阶层群体难以产生同理心。实现阶层跨越的成功人士对于存在于广大乡村地区教育、医疗、就业等民生资源的落后、乡村亟待振兴的现状、普通人跨越阶层的艰难并非不知情。事实上，他们十分清楚生活在偏远乡村的不便捷和不容易。深夜加班的白领精英或许会在微信朋友圈不经意地刷到，老家同龄人正在为孩子的升学问题发愁，也对家乡教学质量最好的高中每年可怜的一本录取率记忆犹新。这种瞬间的刺痛往往触发阶层跨越者内心强烈的情感防御。作为阶层跨越的成功者，他需要以顺利摆脱乡村束缚的幸运心态确立如下叙事逻辑——"我的成功源于夜以继日地苦读""不吃读书的苦，就要吃生活的苦"。这些类似"道德推脱"的看问题视域既能缓解阶层跨越成功者内心的"幸存者内疚"，也能为他志得意满地拥抱现有的生活提供情感的慰藉。此外，"寒门贵子"既以底层逆袭成功史为荣，又急于与原生阶层割裂。新的阶层往往有其特

定的生活方式、行为规范和价值观念。为了更好地融入并为新阶层所接受，他们可能会努力迎合这些标准，并表现出符合新阶层形象的做派和态度。在此过程中，他们会日趋淡化自己对底层人群的共情能力，从而避免被新阶层视为格格不入的"异类"。由此看来，普通家庭出身的阶层跨越者若为证明自身配得上新阶层而陷入同理心弱化的怪圈，这就属实有悲歌的意味。

阶层跨越者若习惯从自身的感受出发，而不能换位思考问题，长此以往势必形成视域盲区。此类视野盲区所引发的情感"悲歌"除了前文所述的对原生群体同理心的匮乏之外，还包括对社会不公平和不合理的正义感迟钝。在社会制度安排设计得当的社会里，理智和情感健全的人会由衷地展露出正义感。在积极层面，正义感展现于一个人对社会规则或制度的自觉拥护，愿意按照既定规则和制度来行动。因为既定的规则和制度凝聚各方的利益共识，体现着社会各阶层对共同利益的感觉。在消极层面，正义感则体现为一个人对不合理或不正义个人举动或社会结构安排的敏感和质疑，且具备建议和改进现存社会不公平的意愿。普通家庭出身的阶层跨越者们原本满腔正义感。外界眼里，他们是通过高考改变命运的"小镇做题家"。在埋头苦读的学生时代，他们骨子里相信教育公平的存在。当来自乡村的农家子女通过接受优质的高等教育在城市站稳脚跟，他们则需要强调个人奋斗的价值。至于那些因为不擅长做题而在多轮选拔性考试中被分流的昔日同窗们，他们的姓名和模样逐渐被淡忘，被划归到"不是读书料"的行列。部分阶层跨越成功者苛责弱势群体"不够努力""可怜之人必有可恨之处"，反问这世上"哪有绝对的公平"？这种看待问题的视域如同一副情感止痛剂，帮助阶层跨越成功者愈合阶层割裂后的伤口，却也让他们在"岁月静好"的体验中逐渐失去对社会结构性不公平的感受能力。在面对不公平和不合理的社会问题时，正义感趋于迟钝的阶层跨越者宁愿相信个人力量的局限性——如果你不能改变环境，那为什么不去适应环境呢？如此逻辑，其中悲歌色彩可见一斑。

三、"乡下人悲歌"与意志力的蜕化

社会学家声称，财富、权力和名望的拥有状况决定人们在社会分层中所处的位置。世俗世界中绝大多数人忙忙碌碌一生所欲求的对象无非就是升官、发财或出名。人们多羡慕社会中的富翁、高官和名流。然而，财富、权力和名望可能对人的意志的反噬和腐化作用却少有人始终保持清醒的警惕。凭借自身努力完成阶层跃升的普通人，一旦将获取财富、权力或名望作为人生的支配性目的，那么主宰他行为的意志力便会朝着不纯洁和不坚定的方向蜕化。

普通家庭出身的阶层跨越者在人生奋斗路上原本秉持纯洁的初心。他们选择阶层跨越的初衷往往是更充分地实现自己的人生价值。无论是追求体面的生活，还是感恩他人，回馈社会，此类价值选择对于普通人的意志而言都是无可厚非的。换言之，它们都是朴实而纯洁的奋斗目标。唯有当在这些奋斗目标之外另行设定更高的目标，例如做高官、发大财或出盛名，阶层跨越者的意志才可能逐渐失去其纯洁性。姑且不论做高官、发大财或出盛名是比较模糊而笼统的目标设定，一旦这些目标对人的行为和决定产生根本的支配性，那么阶层跨越者便极有可能为获得更高的官位、更多的财富或者更大的名分而不惜牺牲掉他原本更加珍视的资源。譬如，一个出身普通的阶层跨越者为了做更大的官，不惜放下尊严、良知、亲情爱情、职业操守，靠阿谀奉承、欺上瞒下、居心叵测而取得"上位"的机会。在这样的目标置换中，阶层跨越者看似顺利实现了身份的"逆袭"，达成了梦寐以求的目标，但是很显然他的意志从此开始变得不纯洁。他的工作、忙碌、言谈都越来越具象化为他曾经无比反感和抵触的样态（譬如溜须拍马、飞扬跋扈、心狠手辣、狡猾虚伪）。最初，阶层跨越者并不会意识到意志失去纯洁性之后事态的严重性，甚至会为自己的投机钻营和灵活变通而感到沾沾自喜。在一次又一次的顺利得手还未被有效监督后，阶层跨越者会变得贪得无厌、肆无忌惮，既不懂得收敛，也不知道满足。直到被人检举，东窗事发，他才如梦初醒地发现自己的意志已经腐化堕落到何种地步。相较于失去的东西，他最终所得到的根本不足挂齿。由此看来，意志纯洁性的蜕化不可谓阶层跨越者需要时刻清醒防预的悲歌。

每一个能够支撑阶层跨越者实现其阶层跨越梦想的行为意志原本都坚定得令人肃然起敬。普通家庭出身的人在实现阶层跨越时面临的挑战和风险无须赘言。如果没有坚定的意志，阶层跨越者在迎击挑战和风险时很可能中途动摇或懈怠，无法继续坚持自己的坚持。在实现阶层的跨越后，挑战和风险并没有随之消失。尤其是一个普通家庭出身的人，通过自己努力获得一定的社会资源（例如职位、机会、权力等）后，时常会遭到众多同样渴望实现阶层跨越者的集体围猎。原本意志坚定的阶层跨越者便不得不接受更大的考验。起初，在实现阶层跨越的关键时期，他让自己的意志坚如磐石，不为任何小恩小惠、美酒美色所动。他根本不相信人有钱或有权之后就变坏的流俗说辞。现如今，金钱、美女、豪宅、奢侈品等他曾经视为身外之物或粪土的各类好处竞相来诱惑他的意志。面对形形色色的诱惑，意志一旦丢失其坚定的属性，阶层跨越者的人生轨迹便迅速迎来"悲歌"。围猎者们会欣喜若狂地认定看似刚直正派的"猎物"亦是有"喜好"和"软肋"的，故而是可以投资、收买和拿捏的。当高压反腐的利剑降临，意志蜕化的阶层跨越者才猛然察觉自己结交的原来尽是凶险的"政治骗子"和"政治掮客"。在无限懊悔的自白里，"屠龙少年终成恶龙"的悲歌面目尽显无遗。

四、结语

综上所述，"乡下人悲歌"不仅是一个兼具社会学、政治学和心理学内涵的用语，而且是一个具有哲学内涵的概念。普通家庭出身的人在实现阶层跨越过程中需要面临社会阶层固化、上升通道堵塞的艰难处境。这属于"乡下人悲歌"内涵的一部分，但并不是全部。若抛开这一概念指示的地理标签和身份符号，从人的思维、情感和欲求能力出发，我们可以洞察"乡下人悲歌"潜藏的哲学意涵。每一个冲破社会阶层固化实现阶层跨越的人，在其人生中皆有可能遭遇哲学意义上的"乡下人悲歌"。这一"乡下人悲歌"主要的哲学内涵集中体现为认知能力固化（对过往成功模式的路径依赖和对社会规则运行逻辑的刻板理解）、共情能力的淡化（对原生阶层同理心的匮乏和对不公平社会结构的正义感迟钝）以及意志力的蜕化（对价值目标追求的不纯洁和对围猎诱惑抵制的不坚定）。

［作者系湖南师范大学中华伦理文明研究中心哲学讲师，本文为 2023 年度湖南省社会科学成果评审委员会一般课题"新时代廉洁文化的价值认同研究"（XSP2023ZXC005）的阶段性成果］

乡村文化的现代性建构

⊙ 肖珂欣　谢宗藩

　　党的二十大报告提出了实现"中国式现代化"的战略目标，擘画了以中国式现代化推动中华民族伟大复兴的宏伟蓝图。党的二十届三中全会作出的"中国式现代化是物质文明和精神文明相协调的现代化"理论判断，说明实现中国式现代化离不开文化的现代化发展。但"从土地里生长出来的乡村传统文化"在现代化进程中面临两个方面的现代性建构障碍，一方面，优秀的乡村传统文化受到极大冲击逐渐衰颓，另一方面，不合时宜的文化内容又成为乡村文化现代化的阻力。因而，中国式现代化进程中，物质文明和精神文明相协调的难点在乡村，重点也在乡村，对乡村传统文化进行现代性建构，实现"乡村精神富有"，是农业农村现代化的必然要求，更是推动中国式现代化行稳致远的必然要求。

一、乡村文化现代性建构的价值意蕴

　　乡村文化作为中华传统文化的重要组成部分，也是中国式现代化的根基所在。乡村文化的现代性建构不仅有利于中华优秀传统文化的创新性传承发展，更能成为助力乡村经济现代化与乡村治理现代化的基础。

　　首先，乡村文化现代化能赓续中华优秀传统文化。一方面，乡村文化现代性建构过程中，通过系统性地甄别和扬弃那些与时代精神相悖的文化元素，实现传统文化的去芜存菁，不仅是对乡村传统文化传承的理性审视，更是推动传统文化创新性传承发展的重要途径，既保留了传统文化的精髓，又赋予其新的时代内涵，使中华优秀传统文化在现代化语境下焕发新的生机。另一方面，乡村文化现代性建构，将传统文化与时代要素融合，能够使得传统文化更加贴近乡村新生代农民的认识习惯，进而强化其乡村传统文化认同感，增强传统文化的感召力。

其次，乡村文化现代化可赋能农业经济现代化。乡村文化不仅有文化价值，其经济价值也日益凸显，文化挖掘使普通农产品转变为高附加值的具有文化内涵的特色商品，显著提升其市场竞争力。与此同时，以乡村文化为核心兴起的文化创意农业、文旅产业、休闲农业等新业态，逐渐成为乡村经济发展的新增长点。因此，乡村文化现代性建构能够促成文化资源转化为文化资本，进而以现代化手段对传统村落、传统民俗、农耕文明等文化资源进行开发利用，为乡村经济现代化转型提供新的支撑点。

最后，乡村文化现代化能推动乡村治理现代化。文化是乡村社会治理的一种有效手段。文化的治理性以文化创造者和拥有者在长期生产生活中形成的情感认同和价值认同为基础，在乡村治理中发挥柔性的引导和约束作用。乡村文化的现代性建构，通过培育现代文明理念，构建符合时代要求的乡村价值体系，营造积极向上的乡村文化氛围，实现乡村物质文化、精神文化、制度文化等与现代文明理念的融合，为乡村治理提供坚实的物质基础、精神示范和制度保障，从而实现乡村治理的现代化转型。

二、乡村文化现代性建构的困境

乡村文化的现代性建构并非一蹴而就，不仅传统习俗中的各种顽固陋习成为乡村文化现代性建构的阻碍，而且现代化进程加速推进使得城市文化也成为乡村文化现代性建构的冲击力量。

（一）乡村文化现代性价值体系建构受阻

乡村传统习俗中存在的一些不良风气植根于乡村社会的肌理之中，与现代文明理念格格不入，成为乡村文化现代性建构的沉重包袱。乡村社会发展的封闭性与隔离性，导致重男轻女、迷信思想等文化糟粕，以认知观念的形式融入村民的生活并成为其习以为常的生活方式。此外，还有不少乡村地区打着传统习俗的名义大兴攀比、享乐之风，导致"天价彩礼"、大操大办红白喜事等现象在乡村地区蔓延，传统习俗渐成铺张浪费、跟风攀比的借口。这些不良风气与习俗仍盛行于不少乡村地区，影响着村民的精神世界，阻碍了乡村文化的现代性建构。

（二）乡村文化现代性建构载体衰消

乡村传统文化消散遇上城市文化的强势冲击，导致乡村文化现代性建构载体不断衰消。一方面，市场经济发展对乡村文化秩序带来了极大冲击。市场逻辑之下利益驱动成为乡村社会的最主要行为方式，村民思想观念出现"一切向钱看"的倾向。乡村共同体意识和守望相助的伦理观念在市场化浪潮的冲击下逐渐瓦解，乡村社会中的优秀价值体系与道德信仰日渐式微，功利主义盛行，熟人社会中淳朴乡风文明被原子化趋势下的利益斗争所取代。另一方面，城市文化以其时代性、开放性、辐射性等特征在城乡发展中占据优势地位，城市文化在向乡村扩散过程中不断挤压乡村文化的生存空间，加之乡村文化产业建设为了向城市文化"看齐"，不断放弃自身文化独特性，导致乡村文化产业陷入同质化发展，加剧了乡村传统文化的衰退。

（三）乡村文化现代性建构力量缺失

市场经济及城市文化的冲击导致乡村传统文化日渐衰亡，村民对于村庄认同感在此过程中变得淡薄。乡村因而无法依靠文化的羁绊留住人，加之城市扩张的巨大拉力，乡村人口大量外流，乡村社会不可避免地陷入了空心化。村庄的空心化又使得乡村文化建设的主体力量缺失，导致乡村文化的现代性建构缺乏动力。此外，在市场价值观念的冲击之下，传统乡村社会赖以维持的由血缘、亲缘、地缘等构成的内在秩序日益破裂，乡村公共文化权威消解，乡村文化组织日益涣散薄弱，这又进一步导致乡村文化事业发展缺乏内在动力，往往由外部行政力量进行自上而下的安排。然而在行政力量主导下，乡村自身的文化现代性建构动力进一步被弱化，而且行政逻辑自上而下的"文化给予"，导致文化现代性建构常常与乡村本土的文化特色脱节，出现供需错配的现象，建构的乡村现代文化并非村民所需所愿之文化。

三、乡村文化现代性建构路径

乡村文化现代性建构的关键在于，理顺现代化进程中传统与现代、传继与焕新、乡村文化与城市文化之间的关系，重塑乡村文化建设的价值体系、经济基础和内生动力，以塑构现代性价值体系、夯实经济基础、培育乡村内生力量等手段推进乡村文化的现代性建构。

（一）塑构乡村文化现代性价值体系

现代化的推进和文化冲突的加剧，虽然使得传统乡村文化价值体系进入衰落时期，但由于乡村社会发展存在一定的保守性与封闭性，乡村文化中的不良风气与文化糟粕往往坚固地植根于文化土壤之中，加之现代文明对乡村文化的影响具有一定滞后性，故不能托寄于现代文明理念能自然地对乡村不良风气进行修正。因此，要以批判性的眼光重新审视乡村传统文化，对其内生的不良风气与文化糟粕采取有力措施进行文化规范，如以村规民约等形式对嫁娶丧葬中不合理的行为进行约束，从而对传统文化中与现代社会发展潮流相悖的部分进行现代化改造。与此同时，加强村庄文化教育，以社会主义核心价值观引领乡村文化价值体系建设，着力推进村民思想道德建设，抵消市场文化、城市文化的不良影响，培育优良的现代化文明乡风。

（二）夯实乡村文化现代性建构的经济基础

乡村经济现代化是实现乡村文化现代化的物质基础。一方面，着力推进乡村文化产业建设，深入挖掘并活化利用乡村文化资源，使其在现代性要素的加成下转化成为促进村民就业增收的文化资本，并进一步成为乡村文化现代性建构的有力支撑。乡村文化产业是乡村经济现代化发展的关键产业，更是乡村文化的重要载体，通过建立乡村文化产业品牌，吸引更多城乡居民了解并加入乡村文化的现代性建构之中，从而推动乡村文化的传承与焕新。另一方面，加强乡村公共文化空间的建设，依托文化产业发展的各项设施与资金，完善农村公共文化设施，为乡村传统文化重新构建起可知可感的载体形式，以之应对优秀传统文化的现代化消解。同时，丰富村庄文化生活，特别是以符合新生代村民认知习惯的组织形式提升文化活动质量，重新培育新一代村民对乡村的集体记忆，强化其对乡村优秀传统文化的认同感，实现传统文化在现代化进程中的赓续。

（三）培育乡村文化现代性建构的内生力量

面对乡村文化现代性建构中主体力量缺失的困境，激活乡村内部主体的建设活力显得尤为重要。乡村文化现代性建构的首要核心内生力量是乡村基层党组织，提升基层党组织的凝聚力和战斗力，使之成为乡村文化现代性建构的坚强领导核心，进而通过党建引领乡村文化的现代化建设，将社会主义核心价值观与乡村优秀传统文化融合，借助党组织脉络延伸至乡村社会各个角落，从而形成现代化乡村新民风。乡村文化现代性建构同时需要培育乡村文化人才队伍，乡村文化归根结底是村民集体智慧的结晶，村民是乡村文化现代化建设最重要的主体力量。能否激活村民主体性是乡村文化现代性建构能否成功的关键因素。激活乡村文化发展的内生力量，需要着力推进乡村文化人才队伍的培引，通过一系列优惠政策和激励措施，培育吸引更多优秀文化人才投身于乡村文化现代性建构的事业之中。

全面推进中国式现代化的伟大征程中，乡村文化现代化是不容忽视的重要环节，着力推动乡村文化现代性建构，实现乡村社会的全面现代化发展，才能真正实现中国式现代化。

（作者肖珂欣系湖南师范大学公共管理学院学生，大学生乡村振兴研究会会员；谢宗藩系湖南师范大学中国乡村振兴研究院讲师，硕士生导师）

县乡连线

构建聚"分"强"统"联"权"连田的三轮承包模式

⊙ 朱汉领

党的二十届三中全会又明确提出巩固和完善农村基本经营制度。有序推进第二轮土地承包到期后再延长三十年试点，深化承包地所有权、承包权、经营权分置改革，发展农业适度规模经营。遵循这样的原则和要求，结合农村一线工作实践，提出"统分"并存、聚"分"强"统"、联"权"连田的三轮土地承包模式的构想，意在平稳开启三轮承包，推进农民土地承包权分配规范化、公平化、长久化。

一、二轮承包背景下的现实拷问

农户独立种田越来越少——未来谁种田？随着农民年龄增长、种田体力减弱的客观限制，作为独立个体种田的农户越来越少，且呈高龄化种田趋势。就随机调查村看，50 岁以下真正种田仅几人，而新一代青年人种田的更是凤毛麟角，种田主体呈现"断层"状态。同时，随着城镇化推进，进城入镇居住的农民越来越多，就黄尖镇而言，2020—2021 两年进城入镇拆房户达 2000 多户，加剧了农民脱离农业生产一线。显然，农田向少数人群集中成了必然的趋势，种田大户、家庭农场、专业合作社等新型农业主体应运而生。据统计，仅黄尖镇家庭农场等新型农业主体注册数达 135 家，共种了 42100 亩田，占总承包面积的 62%。未来农业将是新型农业主体唱主角，单户耕种的成配角，且呈减少趋势。一些专家提出"联户"承包形式，在实践中，将受到农户各自出力、出资、种植习惯、作物差异、收益分配等多种因素制约而难以为继。

农田零碎化阻碍了现代农业发展——未来怎种田？二轮承包分田到户模式，最大的不足是导致土地零碎化。就随机抽调村新闸而言，全村共有田块达 2142 块，户均 2.76 块。新型农业主体种植少则几百亩田，多则几千亩田，农业机械化种植和现代科技成果的运用，成了他们必然的选择。事实上，就我们苏北地区主要农作物生产过程，从种到管、从收到贮基本上实现全流程机械化作业，极大地提高了生产效率。因而"小田并成大田"成为现代农业的客观需求和必然趋势。

村委员会"统"的功能严重弱化——未来谁管田？自家庭联产承包责任制后，村集体统一经营功能因生产经营重心向家庭承包经营层转移，受村集体"人财物"因素的制约，导致村集体"统"的功能弱化。《中华人民共和国土地管理法》明确规定：农民集体所有的土地依法属于农民集体所有的，由村集体经济组织或者村民委员会经营、管理。这就表明三轮承包村委会依旧是村集体土地所有权者。2016 年国务院颁布《关于完善农村土地所有权承包权经营权分置办法的意见》，2021 年农业农村部 1 号令《农村土地经营权流转管理办法》，都为村委会流转农民土地承包权留下了合法空间，也赋予了村委会"统"的渠道和内容。

农户自主无序流转承包地——未来怎管田？2003 年执行的土地流转法，农民可根据自己情况有不同的选择，有的流转给村委会，有的流转给种田大户，有的流转给家庭农场，呈无序混乱状态，也导致了少数流转户和老弱病残户的利益不能长期稳定保证，因土地流转产生的纠纷屡见不鲜。随着时间的推移，农民不能种田了，流转户将越来越多。有序管理土地流转，成了村委会回避不了的客观事项，村委会应当主动作为，集流转户的经营权于村名下，成为流转户的土地"管家"，从根本上保护流转户权益。

二轮承包的"后遗症"不容回避——承包权公平谁来维护？一二轮土地承包，以"农户"为单位进行承包，"生不添死不减"政策的不公平性日渐显现，已造成承包权该退的退不出、该进的进不了的客观现状，显现十分明显的贫富不均，有的人家 2～3 人种 10 多亩田，有的人家 5～6 人只种 4～5 亩田。更为明显的是，在二轮承包开始后出生的小孩，到二轮承包结束已是 30 岁青壮年了，如果三轮承包政策不作调整，就意味着身为农民一辈子也没有土地承包权；另一方面，有些老人在二轮承包时过世，甚至出现"绝户"，其名下的承包田，村集体也因多种因素无法收回，一户收不回，则户户收不回。承包权进退机制不明确，引发的相对不公平矛盾日渐加重将集中在三轮承包前爆发，必须引起高度重视，选择适合三轮承包的权益进退机制成为刻不容缓的现实问题。

二、三轮承包的政策要求

必须保护农民土地承包权存在。根据中央政策要求，农村土地第二轮承包到期后再延长 30 年，这是保护土地承包关系长久不变的重大举措，要严格保护农民承包权，任何组织和个人都不能取代农民家庭土地承包地位，都不能非法剥夺和限制农民的承包权。

必须坚持保护农民利益不减。"民为邦本、本固邦宁。"农民是农村土地制度的主体，农民因年老或其他原因不种田或种不了田，面对这一客观形势，如何保证农民利益不减？实践证明，只有村集体组织才能有效避免农民土地流转过程中出现的风险，才能从根本上保证农民利益不减。"离"地农民能否平稳获得保障，是检验三轮承包模式改革正确与否的标尺。

必须坚持农村基本经营制度不变。习近平总书记指出，必须坚持和完善农村基本经营制度，决不能动摇。这不是一句空口号，而是实实在在的政策要求，就是要坚持集体所有，坚持家庭承包，坚持稳定农村土地承包关系。农村土地农民集体所有，是农村基本经营的"魂"；集体土地承包权属于农民家庭，是农村基本经营制度的根本。

必须坚持发展壮大集体经济。家庭承包经营后，农村集体经济组织逐步退出农业生产活动，未能找到清晰的功能定位和有效的运转形式，村集体"统"的功能弱化。在现实需求中，只有发挥村集体组织的"统"的作用，将分散的土地经营集中起来，实现规模经营，建立适应市场需求、现代农业机械化、科技化需求的土地经营权能，才能不断增强村集体组织的向心力，成为乡村振兴的"主心骨"。村集体经济强大了，为民办实事和民生问题才能落到实处，农民才能从中受益。

必须构建农民权益调整机制。顺应农民需求的三轮承包模式，才能处理好农民与土地的关系，才能使土地制度保持活力。一二轮承包权益的进与退呈现僵硬死板状态，三轮承包应保证农民承包权益进得了也退得出。因此，三轮承包必须建立权益调整机制。

三、三轮承包建模设置分析与结论

要寻找到合适的三轮承包模式，解决好未来谁种田与怎种田、谁管田及怎管田等问题，必须进行承包关系各要素之间的分析。

农民："耕者有其田，非耕者有其权。"愿意种田的，保证一块好田种植，改变过去一户多田现状，自行收益；不愿意种田或不能再种田的，有稳定的、合适的收入予以保障。由此可见，未来农民可分为两类：一类种田的，另一类不种田的，也就是流转户，这种结构仍然符合"统分"结合的双层经营体制。

土地：实施土地承包权和经营权分离，对应未来两类农民的承包土地，也可划成两块：一块是农民仍然自种的，设为自种区；一块是农户流转的，设为流转区。流转区土地的经营权由村集体回购（流转）统一经营，村委会将面临两个问题需要解决：一是解决土地零碎化的问题。必须进行土地统一平整，聚小田并大田，土地向条田化、高标准农田化转变，以适应农业机械化需求。二是解决土地种植问题。村委会不可能再集体种植所流转地块，必须面向新型农业主体，公开发包，确定种植主体。土地经营权向村委会聚集的过程，实际上是一个不断聚"分"而强"统"的过程，也是村委会在联"权"的基础上再连田的过程。显然，聚"分"强"统"是顺势而为，"联"权连田是聚"分"强"统"的核心和结果。

新型农业主体：依据村委会公开发包，向村委会缴纳土地承包金，获得流转区土地经营权，通过机械化、科技化成果的运用，提高土地利用效率。新主体的出现既适应了农民不能再种田的需求，又解决了村集体大面积土地种植难的问题，成为联结农民与土地的新纽带。在实际调查中，新主体也乐意接受与村委会建立一对一的承包关系，而不太愿意与农户直接流转土地，以减少各类矛盾纠纷。

农民与土地关系：由相互依存的契约关系向权益关系转变，实现农民有形的"地"向无形的"权"转变，农民凭承包面积享受权益，无须实际劳动，把不便不愿不能再种田的农民从土地上"解放"出来。

村集体：村集土地承包经营权于名下，统一发包于各类新主体，实行抵押种田，确保流转农户收入不因市场或人为因素受损，成为农民的"账房先生"；同时土地平整的溢出效益，也壮大了村集体经济，成为农村高质量发展的"主力军"。

权益调整：农民因政策性、市场或自身因素权益发生变化时，村集体以"动账不动田"、"动田不动账"、货币化结算等办法实现权益调节平衡。即便个别农民土地流转后又想种田，在自种区和流转区都可实现权益进入，优先在自种区安排。

通过分析，可以看出三轮承包选用"统分"并存、土地分置、聚"分"强"统"、联"权"连田的模式是顺应民意、顺应现代农业需求、顺应时代发展的现实之举。

四、三轮承包操作模式的重点管控

建立"人在权在"的承包权进退机制必须坚持"三公"原则。"生不添死不减"这个"老"政策一执行就是四十年，制定政策的背景、目标、对象已发生了深刻的变化，加之各种惠农政策的交织影响，可谓世殊时异，其结果已造成承包"苦乐不均"两极分化的局面，持续加剧着"人地"矛盾。显然，"老"政策已不适应农村实际需求。在遵循农村"三不变"原则的前提下，依据人的生命特征，构建"人在权在、人不在权不在"的农民土地承包权进退机制，从人的本源上理顺农民与土地的关系，该进则进，该退则退，建立起更符合农村实际、更贴近农民需求、更能支撑未来的农村土地权进退机制是现实选择。

在实际操作中必须坚持公开、公平、公正原则，抓住三个关键环节推进。一是基础数据摸清环节。逐户摸清自 1998 年以来出生人数、死亡人员、婚进婚出人员承包权、已满 16 周岁人员比对、本小组承包面积、二轮承包各户基数等核心基础数据，这些数据直接关系到农户承包权益的公平，必须弄清弄实这些基础数据。数据越准，矛盾就越少，田块调整量就越小。二是承包权益退出环节。客观地讲，清理死亡人员退出土地承包权，于理于法是可行的。但在实际工作中往往存有难度，对于这个问题的处理，要坚持退出进入同步。自 1998 年以来出生与死亡及其他情况的，该进则进，该退则退，一把尺子公平处理；要建立农民承包权益退出抚恤机制。按已故农民承包权益给予 1～3 年的补偿，体现对农民的尊重，推进已故农民权益退出；要开展细致思想工作。从理从法角度，充分开展思想宣传工作，切实消除农户顾虑，主动退出权益。三是稳定风险管控环节。农村推行土地制度改革，涉及千家万户，面广量大，情况复杂，如不谨慎推行，必将引起农村不稳定风险。因此，推进过程中必须坚持公开、公平、公正原则，才能有效控制风险。

联"权"必须关注三类对象。土地流转必须尊重民意，坚持农民自愿，不搞行政命令，不强行推进，不搞任何违规形式干涉群众意愿，一律用协议的形式将农民土地承包权固定下来，通过有偿、合法的途径转让于村集体名下。在实际操作中尤为关注三类群体：一类是老弱病残户。这类人因年老体弱不便、不能再种田，要确保他们承包权在特定情况下有效延续，是合法、公平、得民心之举，村委会必须确保他们的利益不因年老而减少。一类是"新生代"。这类伴随着二轮承包成长起来的"新一代"青年人对种不种田持无所谓态度，但他们对应享受的权益——土地承包权仍要争取，货币结算权益是他们的主要选择。因此，对主张承包权益的农民可一律推行货币化结算，按其应享有的承包面积结合市场价格逐年结算。货币化结算是承包权益调节的润滑剂和衡压器，灵活使用可以有效促进三轮承包稳步推进。一类是边远户。无论这类人员土地流转还是不流转，在并大田过程中，都要采取合理有效措施保证他们的利益不受损失。

连田必须严把三个关口。一是自种区安置选择关。从当前农村现状看，经营权流转户远大于自种户。因此，工作的重点必须放在自种户这个"小头"上。在统计仍自愿种植户数的基础上，如何将自种户多块田并为一块田？如何赢得自种户自愿调田并田？如何让自种户满意自种区？解决这些问题必须要站在自种户角度去进行抉择，要切实考虑到自种户方便种植和利益需求。自种区"小头"安置好，流转区"大头"迎刃而解，将平稳顺利推进三轮承包。二是溢出面积把控关。村委会对流转田块进行平整，一般平整后面积大于流转户的总承包面积。根据实践经验，一般溢出率在 8% ～ 10%，溢出面积发包收入虽然不算太大，但可以很好发挥调剂、激励、引导作用，推进土地承包权加速向村委会聚拢。可用作流转户"二次分配"，增加流转户收益，也可用作已故老人权益退出进行补助。三是发包田块抵押种植关。村委会对平整后的大田、条田，应根据相关规定，在镇或县区相关平台分块、分区域公开发包，对发包田块种植主体资信程度严格把关，必要时可委托第三方开展资信调查。必须实行抵押承包种田和中标面积总量适度控制，确保选择到经济实力雄厚、信用程度高的主体种植流转田块，确保流转户收益不受种植主体的市场风险的影响，使村委会成为流转户靠实放心的"娘家人"。

流转发包必须加固三道防线。不可控的自然风险和政策风险以及新技术运用的相对风险，导致新型农业主体在经营过程中出现经营风险。虽然有承包金抵押，但不足以长期缓解平抑市场风险。如果流转农户不能从村委会定期领取土地转让金，则必将影响农村的稳定。因此，村委会必须引导新型农业主体增强主动控制风险的意识，除了积极参加农业保险，用保险的手段来提升抗御风险的能力外，还要增加风险管理措施。一是多元化经营。新型农业主体可以通过开展多元化经营，降低对单一农产品的依赖，分散市场风险。二是参与农业产业联盟。动员新型农业主体主动参与市、区农业产业联盟，从生产资料采购、市场营销信息、农技农机服务、农产品加工、品牌创建等诸多方面推行信息互通，强强联合，增强抗击风险能力。三是加强农业高新技术成果运用。新型农业主体往往呈现年轻化、知识化、专业化等优势和特点，是农村高新农业农机技术运用的主体，也是农村发展新质生产力的主体，新型农业主体采用先进的农业生产技术和管理方法，提高农产品的质量和产量，达到降本增效的目的。这也是新型农业主体抗击市场风险的核心手段和保障措施。

总之，聚"分"强"统"，体现农民承包权不变，保持了"统""分"的双层经营体制；联"权"，满足了农民需求，增强村集体统的功能；连田，保证了农民利益不减，奠定了新质生产力发展基础，适应了现代农业发展需求；自种与流转分区设置，为农民权益进出预留了渠道和空间，保证了农村的稳定，体现了土地制度的活力。

（作者系江苏省盐城市亭湖区黄尖镇政府工作人员）

数字经济驱动农业高质量发展的影响与路径

⊙ 赵后兴

在数字经济蓬勃发展的背景下，农业作为国民经济的重要支柱，其高质量发展面临着前所未有的挑战与机遇。

一、数字经济驱动农业高质量发展的影响

提升农业生产效率。数字经济通过优化农业生产流程，实现了农业生产智能化、自动化，显著提高了农业生产效率。例如，无人机、自动驾驶拖拉机等智能农机的应用，大大减轻了农民的劳动强度，提高了农业生产效率。同时，物联网、大数据等技术的应用，实现了农业设备的互联互通，提高了农业生产的精准度和效率。此外，数字技术还推动了农业资源的优化配置，减少了资源浪费，进一步提升了生产效率。

优化农业产业结构。数字经济推动了农业产业结构的优化升级，促进了农业产业链的延伸和增值。通过引入先进的农业技术和管理模式，提升了农业生产效率，降低了成本。在下游，通过拓展销售渠道、提升农产品品质等方式，增加了农产品的附加值。例如，通过电商平台、直播带货等新型销售模式，农产品能够打破地域限制，直接对接全国乃至全球市场，提高了农产品的认知度和信任度。此外，数字经济还推动了农业与二三产业的深度融合，催生了农业旅游、农产品加工等新业态。

提升农业创新能力。数字经济为农业创新提供了有力支撑。通过大数据、云计算等技术，农业科研机构和企业能够更便捷地

获取和分析农业数据，为农业创新提供了精准依据。同时，数字经济的发展也推动了农业技术的跨界融合和创新，为农业高质量发展注入了新的活力。例如，区块链技术的应用提高了农产品溯源能力，增强了消费者对农产品的信任度。

促进农业绿色发展。数字经济在农业绿色发展中的作用日益凸显。通过精准农业技术，减少了化肥、农药的使用量，降低了农业面源污染。同时，数字技术还推动了农业废弃物的资源化利用，促进了农业循环经济的发展。例如，智能监测系统可以实时监控土壤、水质等环境指标，为农业绿色发展提供科学依据。

助力农民增收与农村治理。数字经济为农民增收提供了新途径。通过电商平台和直播带货，农民可以直接将产品销售给消费者，减少了中间环节，提高了收入。此外，数字技术还推动了农村治理的现代化。例如，通过数字化管理平台，实现了农村资源的高效配置和公共服务的精准供给，提升了农村治理水平。

二、数字经济驱动农业高质量发展的路径

加强数字化基础设施建设。数字化基础设施是农业数字化转型的基石。要加强宽带网络、移动网络等信息化高速公路的建设，确保农业信息的实时传输和共享。同时，要加强智能化农业设施的建设，如智能温室、智能滴灌系统等，提高农业生产的自动化和智能化水平。

以商河县为例，近年来该县大力推进数字农业建设，通过建设智慧农业园区、推广智能农机等方式，提高了农业生产效率和质量。未来，商河县应继续加强数字化基础设施建设，为农业高质量发展提供有力支撑。

深化农业数据资源的开发利用。数据资源是数字经济的重要生产要素。要通过大数据、云计算等技术手段，深入挖掘和分析农业数据资源，为农业政策制定、投资决策等提供精准依据。同时，要加强农业数据资源的共享和开放，推动农业数据的跨行业、跨领域融合应用。

在商河县，可以通过建立农业数据共享平台、推广智能农业监测系统等方式，提高农业数据的采集、分析和应用能力。通过数据资源的开发利用，为农业高质量发展提供有力支撑。

推广智能化农业生产模式。智能化农业生产模式是农业高质量发展的重要方向。要通过引入无人机、智能灌溉系统、智能饲喂系统等先进技术，提高农业生产的精准度和效率。同时，要加强智能化农业技术的研发和推广，推动农业技术

的更新换代。

在商河县，可以积极推广智能化农业生产模式，如利用无人机进行农药喷洒、利用智能灌溉系统进行精准灌溉等。通过智能化农业生产模式的推广，提高农业生产效率和质量，推动农业高质量发展。

优化升级农业产业链。优化升级农业产业链是提升农业整体竞争力的重要途径。要加强农业产业链上下游协同发展，推动农业产业化经营和农业与服务业融合。通过引入先进的农业技术和管理模式，提升农业生产效率和质量；通过拓展销售渠道、提升农产品品质等方式，增加农产品的附加值；通过推动农业与服务业融合，拓展农业多功能性，提高农业附加值。

在商河县，可以通过发展农业产业园区、推广农业旅游等方式，优化升级农业产业链。通过农业产业链的优化升级，提高农业的整体竞争力，推动农业高质量发展。

推动农业绿色发展。数字经济为农业绿色发展提供了新路径。通过精准农业技术，减少资源浪费和环境污染，推动农业可持续发展。例如，利用智能监测系统实时监控土壤、水质等环境指标，为农业绿色发展提供科学依据。

提升农民数字素养与技能。农民是农业数字化转型的主体。要通过培训和教育，提升农民的数字素养和技能，使其能够熟练运用数字技术进行农业生产和经营。例如，商河县可以开展数字农业培训班，帮助农民掌握电商运营、智能农机操作等技能。

三、商河县智慧农业园区建设案例

商河县重点打造的现代农业示范园区，集农业生产、科技示范、休闲观光、科普教育等功能于一体。园区内建设有智能温室、连栋大棚、日光温室等现代化农业设施，采用物联网、大数据、云计算等先进技术，实现农业生产过程的智能化、精准化管理。园区重点发展花卉、蔬菜、林果等特色产业，打造集生产、加工、销售、旅游于一体的全产业链。商河县智慧农业园区是该县数字农业建设的重要成果之一。

智慧农业园区的建设不仅提高了农业生产效率和质量，还推动了农业技术的更新换代和农业产业的优化升级。通过园区的示范引领作用，商河县农业高质量发展的步伐进一步加快。

四、结论与建议

数字经济已成为驱动农业高质量发展的重要力量。通过加强数字化基础设施建设、深化农业数据资源的开发利用、推广智能化农业生产模式以及优化升级农业产业链等路径，可以显著提高农业生产效率和质量，推动农业产业的优化升级和高质量发展。

加强政策引导和支持。政府应出台相关政策措施，鼓励和支持数字技术在农业领域的应用和推广。同时，要加强对农业数字化转型的宣传和培训力度，提高农民的数字素养和应用能力。

加强产学研合作。要加强科研机构、高校和企业之间的合作与交流，推动农业技术的研发和应用。通过产学研合作，可以促进农业技术的更新换代和农业产业的优化升级。

加强人才培养和引进。要加强农业数字化人才的培养和引进力度，提高农业数字化人才的质量和数量。通过人才培养和引进，可以为农业高质量发展提供有力的人才保障。

推动农业绿色发展。将数字经济与农业绿色发展相结合，推动农业资源的高效利用和环境保护，实现农业可持续发展。

提升农民数字素养。通过培训和教育，提升农民的数字技能，使其能够更好地适应农业数字化转型的需求。

（作者单位：山东省济南市商河县农业农村局）

壮大村集体经济助推乡村振兴
——以临武县水东镇为例

⊙ 肖湘奇　曹奇强

发展壮大村级集体经济，增加村级组织成员财产性收入，有利于巩固脱贫攻坚工作成果，有利于农村集体经济组织利益再分配，更有利于增加村集体经济组织成员集体经济收入，便于村集体经济组织成员做大做强自身产业，优先促进和发展本地地产经济，增加了本地社会经济内循环，有利于全社会乡村振兴目标早一步实现。

一、水东镇发展壮大集体经济的现状

因地制宜，多元发展。一是盘活资产。"闲置资产是沉睡的资源"，充分利用水东原税务收费站闲置资产进行租赁，增加村级集体经济收入。二是产业引领。以"一村一品"为发展思路，通过合作经营"年加工生产湘式腊肠 100 吨，湘式腊肉 100 吨，肉糜类制品 400 吨，预制菜食品 400 吨熟食加工项目"的方式实现村级集体经济的创收。三是资金运营。村集体以资金入股的方式与企业合作，实现村级集体经济的可持续发展，建立企业带动发展模式。

品牌效应，做大做强。大冲辣椒，是临武县的特色农产品，2021 年 4 月被农业农村部公示为"2021 年第一批农产品地理标志登记产品"。大冲村位于水东镇的偏远山区，是典型的小农经济，没有便利的交通，没有企业扶持，常住人口少。该村坚持从实际出发，充分利用本地资源优势、特色产业，形成"一村一品""一村一特""一村一业"的产业格局，搞活农村经济，成立"临武县辣乡食品有限公司"，注册"湘大冲"商标，收购本村农户种植的辣椒加工售卖。成立长竹园生态农业合作社等，将村民土地统一流转给合作社，实现土地整合资源的高效利用，促进村集体经济的增长。通过"公司＋合作社＋土地＋基地＋农户"的产业模式，由公司育种后将良种廉价提供给大冲、西山、岳溪、上塘、柳坪、小城等村的农户；向农户提供技术服务；待辣椒成熟后保证以高于市场价的价格向农户收购；利用非遗传承的手工制作工艺对辣椒进行精深加工、售卖。通过"公司＋合作社＋土地＋基地＋农户"的产业模式，采取民营占 51%、村集体占 49% 的经营收益分配机制。

党建引领，外引内联。无论是水东村、大冲村，还是西山村、小城村，成功发展壮大了集体经济，实现了经济可持续发展。在这过程中，村级党组织、村干部的作用至关重要。水东镇把建好支部、培育能人作为重要内容，以村"两委"换届为契机，选优配强村党组织书记，着力拓宽村党组织书记对拓宽发展壮大村级集体经济的思路，鼓励大胆实践，为集体经济发展提供人才、智力保障和内生动力。

二、发展壮大集体经济存在的问题

发展基础薄弱。当前大多数村委经济来源仅是土地、山岭、水库等固定资产、资源承租，加上长期的"家庭联产承包责任制"的分散经营，土地流转也成为现代农业规模发展的制约因素，一定程度上限制了村集体经济组织的规模发展。除固定资产、资源承租收入外，大部分的村级集体经济依赖于农业产业的发展，而农业产业大多投资周期长、见效慢、不可预见风险高，这也是制约发展的一大因素。

区域发展不平衡。以水东镇为例，水东镇由原水东乡、接龙乡、大冲乡撤并而成，以"水东片区、接龙片区、大冲片区"区分管理块，其中水东片区位于省道附近，有区位优势，农业产业发展较好；接龙片区，煤炭资源、碳酸钙资源丰富，但是由于暂未开发利用，片区经济发展比较薄弱；大冲片区，偏远山区，土地资源少，常住人口少，虽然有大冲辣椒、大冲西瓜这个本地名牌，但没有形成产业规模，抵御风险能力弱，受天气、销售渠道等因素影响，产出值较低。

村级债务压力大。当前阶段，地方经济主要还是依赖"财政拨款"，维持运转主要依靠上级转移支付拨款，这种方式不可持续，特别是在经济发展日益激烈的今天，随着农村经济的发展和公益事业建设不断增加，村级公共支出部分有增无减，财政拨款远远不够，村级还是要投入一定量的配套资金和劳务，这就给一些本就收入较少的村级带来了经济压力，使其难以维持正常运转。

特产开发品种单一。旅游产品"大冲辣椒"虽有一定生产规模，但其他土特产的加工生产没有成熟的流水线。盛产水果，但并无专门从事加工特色小水果的企业，市场销路不好时，会出现水果挂在树上、烂进泥里的现象。旅游特产的开发和宣传推介远远不足，有待整体包装并扩大生产规模。

三、发展集体经济的对策建议

坚持产业带动。没有产业，乡村就吸引不了资源要素，也就留不住人，发展壮大村级集体经济，其根本还是要靠发展乡村产业，把产业更多地留在农村、把就业更多地留给农民。

小农经济在人力、资金、技术、抵御自然灾害能力等方面已经适应不了当前形势，我们要从增加劳动力产出值、增加产品附加值方面着手，促进产业融合，把分散经营向集约化、产业化经营发展，把本地产业向专业化、精品化、特色化和新领域方向发展。将现代种养业、特色农业产业、乡村休闲旅游业等立农、为农、兴农的重点产业留在农村，夯实村级集体经济发展的基础。

协调区域发展。受区位影响、受地方经济基础等方面影响，有部分村集体自身"造血"功能确实较弱。要将发展村级集体经济与实施乡村振兴战略联结起来，不仅要做活产业链发展，形成规模效应，还要加强招商引资，谋求跨越发展，同时依托传统产业，打造区域品牌。就拿水东镇来说，大冲村成立大冲辣椒专业合作社以来，产品供不应求，其他村就可以发展大冲辣椒种植项目；水东村食品加工项目，水果、蔬菜、畜禽肉类都是原材料，而大冲片区的生姜、魔芋都是特色农产品，接龙片区斗水坪村、桃竹村有优质肉牛生产，以上既可以签订原材料供销合作协议合作，也可以以资金入股共同参与到经营中获取分红壮大集体经济。

充分发挥"领头雁"作用。乡村不发展、村级集体经济不壮大，党组织就没有号召力、凝聚力和战斗力。要把思想政治素质过硬的致富能手发展成党员，将能干事、会干事、想干事的年轻同志充实到村级领导班子中来，发挥能人带头作用。强化村级领导班子发展集体经济的技能培训，提升发展村级集体经济的能力，打造一支懂业务、有能力、爱"三农"的工作队伍；有序选派、组织村级领导班子成员到经济发达地区、集体经济发展先进地区考察学习，拓宽发展视野，增强引领带头致富的本领。

摸清底数盘活资源。村干部在充分了解掌握本村资源现状基础上，指导村党组织选准路子、迈好步子，最大限度盘活现有资源、资产和资金，充分利用闲置的土地、场地等资产，通过转包、出租、入股等方式，把资产资源变成资本，解决贫困群众就地就业，增加村集体收入，带动群众增收致富。

（作者肖湘奇系湖南省临武县委党校教务室主任，曹奇强系湖南省临武县水东镇党委副书记）

三农论剑

家户现代化：理解中国农村现代化的新视角

⊙ 张乐天

十多年以前，我曾经与孙兆霞等一起在贵州组织过几次"反贫困论坛"，并到贵州的镇远县等地考察扶贫情况。后来，我忙于复旦大学当代社会生活资料中心的工作，没有时间去贵州；再后来，疫情了，想去也动不了。作为一个心心念念关心着中国农村发展的学者，我一直牵挂着中西部，尤其是民族地区农村的情况。张健等人的著作是"中国百村调查丛书"的一种，讲述了一个处于连片贫困地区"边缘中的边缘"村落的脱贫故事。有趣的是，该书描写的贵州省黔西南布依族苗族自治州兴仁市的联增村，村名竟然与我的研究点联民村相类似，更引起了我的兴趣。

一、家户现代化

脱贫故事总带着苦涩、揪着人心。读着，我读到了书中那张"2020年联增村劳动力结构图"，注意到联增村省内、外打工的人数占了全村18～59岁劳动力人口的一大半，全村纯打工户加上打工兼业户占全村总户数的74.6%，一句话，联增村的大部分劳动力都在远方打工谋生。读着，我的脑海中浮现出城市工地上那一张张黝黑而疲惫的打工人的脸，浮现出城市街道上那些冒着寒风、酷暑穿梭在大街小巷中的快递小哥的身影。数亿打工人为中国式现代化做出了贡献，那么，打工人群体本身呢？他们仅仅是奉献者吗？他们仅仅像现代化的"垫脚石"，牺牲自己以实现现代化的"原始积累"、实现城市及精英群体的现代化？如果回答是肯定的，那么，中国的现代化只能是畸形的现代化！张健等的《城乡互动与农村家户现代化》给出了否定的回答，认为贫困村落里的农民大众可能并一定能成为中国式现代化的主体，书中写道："农户不仅是中国农村现代化的'稳定器'与'蓄水池'，同时是中国农业现代化的基础力量。"

改革开放以来，在急剧的社会变迁与城乡互动中，大量农村地区的农民进城"打工"，张健等认为，"打工"的农民"并非完全处于被动地位，而是利用自身的资源积极应对，以合理的家庭策略，发挥家庭本身的主体性、能动性和其应对复杂多元社会中挑战的智慧"，实现"向上流动"。他们通过家庭成员的个体现代化达成家户现代化，而家户现代化是"基于中国国情"的中国式现代化的主体呈现。张健等作者从贵州兴仁市联增村众多"打工人"那里看到了"打工"过程中个体身上所发生的微妙变化。变化有着不同样式，指向却只有一个目标——现代化！

何以可能？

我们从张健等的著作中注意到，尽管联增村的农民们一贫如洗，生存艰辛，但他们仍然有着强大、持久的生存与发展的"内生动力"。张健等创造性地提出"家户主义"概念："当代中国农民的行动单位是家户，农民的行为逻辑是家户主义。"张健等认为，农民的理性不是个人理性，不是集体理性，而是家户理性；农民伦理不是个体伦理，而是家户伦理。中国农民的本质价值追求是家户的繁衍、繁荣与荣耀，个人活着的意义就是为了家户的生存与延续，村落中存在着以"家户"为导向的价值观、公平观甚至政治观。

"家户主义"视野下的家户伦理打开了观察中国数亿打工者群体的新窗口，从这个新的窗口中，我们惊奇地看到了打工者群体的"另一番风景"。我们注意到打工者群体中源自村落却又超越村落的"内生动力"与精神气质。

于是，我们走进联增村，以求更准确理解来自那个村落里的打工人。

二、联增村的共同体伦理

联增村位于黔西南九盘山麓，北盘江南。"九盘"因山高而得名，诗云："九曲盘空天地头，鸟飞不过人何游。"北盘江水源充沛，但岸陡坡峭，水位相差 $100 \sim 500$ 米，难以利用灌溉农田。大山深处的联增村民们依靠耕耘山脚下的田坝为生，土层薄，肥力差，更是有雨水汪汪，无雨土朝天，旱与涝年年纠缠着联增村人，一位村民说："联增田坝每年都会被淹，不同年份被淹的时长不一。"另一位说："我们坝子（联增田坝）最严重的就是干旱。"联增村仅有水田 1130 亩，旱地 1670 亩，人均水田 0.46 亩、旱地 0.68 亩，土地的产出常难以满足最基本的吃饭需求！

联增村，像许多自然条件严酷的西部地区的村落一样，是人类顽强生命力量的表征！九盘山地区很早就有先人刀耕火种，"耕山到处皆凭火，出户无人不佩刀"。从明朝以来，江西、云南等地人们因种种原因迁居此地，开荒耕地谋生。

生存难，难不倒联增人，反而激发出强大的内生动力。经过一代代的顽强努力，不少家族"兴旺起来"。此间，有人从外面迁入，与村里人家结成准亲属关系。于是，一个个自然村在大山深谷间出现了。到 2021 年，这一带有莲花等 7 个自然村，组合而成联增行政村。联增村共有 582 户，2455 人；其中 62% 的联增村民是布依族。

长期以来，联增村，这个血缘地缘合一的村落在应对严峻的生存挑战中孕育出特征鲜明的共同体伦理。这种伦理具有强大的内生动力，并在实践中锤炼出勤劳节俭、勇敢顽强、机智善变等精神气质。这种伦理驱使村落里人与人之间互助合作，有效遏制各种可能导致分裂的观念与行为，使宗族的血脉能在严峻的生存挑战中世代绵延，在历史风云变幻中长期生存。中国著名乡村建设先驱梁漱溟先生早年对村落共同体伦理有许多精辟论述。他认为，在村落共同体中，"一切相关之人，莫不自然有其情……一切相关之人，随其亲疏、厚薄，莫不自然互有应尽之义。伦理关系即是情谊关系，也即表示相互间的一种义务关系……人类在情感中皆以对方为主（在欲望中以自己为主），故伦理关系彼此以对方为重；一个人似不为自己而存在，乃仿佛为他人而存在。"梁漱溟还进一步强调这种"以人情赋予生命意义"的村落共同体伦理就是中国人的"理性"，"人情即是理性"，"所谓理性，是指吾人所有平静通达的心理"。

联增村人尤其注重家庭的纵向关系。"纵向关系"让光宗耀祖、传宗接代的责任转化成每一个村民，尤其是男性村民的巨大"内生动力"，"香火绵延"演绎出许多联增村的故事。与其他自然村落相比，联增村家户的"纵向"特征十分明显。一方面，在联增村，"青年人结婚新建家户，不仅能从父母处分得相应财产，而且可将'父母'随之继承过来"。所以，联增村较少一代或者二代人的核心家庭，更多是具有纵向特征的三代同居家庭。另一方面，传宗接代的强烈愿望驱动着村民们更多生育，2021 年，联增村每户平均 4.21 人，而浙江省农村户均人口仅 3 人左右！张健在书中列举了 LCH 家庭的打工情况，这个家族的人口结构令人吃惊。该家族有八兄弟。大哥有两个儿子、三个女儿；大姐有四个小孩；二哥有五个小孩，前三个女儿，后两个儿子；三哥有四个小孩；二姐有三个小孩；叙述者自己两个小孩；

大弟弟第一胎是三胞胎，后来又生了第二胎、第三胎；最后，最小的弟弟结婚以后也生了三个小孩，头胎是儿子，后来又生了两个女儿。

曾经，"纵向关系"驱动着联增村民多多生育，那么，在大量村民外出打工以后，源于"纵向关系"的内生动力发生重要的变化。张健写道："这些外出打工的人，……因自身没有像样的学历而感到苦恼，对过去没有好的条件接受教育而感到遗憾……，对教育有了全新的理解。"他们渴望着让子女弥补自己人生的遗憾，为子女提供良好的教育条件成为他们打工的强大动力。在联增村，村民们已经高度认同"不读完初中，在外不好打工"这句话，村民们把孩子的培养当成整个家庭最重要的事情之一来对待。尤其值得称道的是，"或许正是有着由乡入城并深受冲击的经历和感受，这些打工群体在对待子女上学，尤其是女孩上学问题时，在观念和行动上都发生了革命性的变化。他们认为，无论是男孩还是女孩，都需要上学学习一些基本的知识与技能，以后外出打工和在家发展才有基础，才不会吃亏。"从20世纪90年代中期以后，尤其到了21世纪初，"联增村人在送孩子上学时，已经不再考虑性别差异，他们常常说的一句话是'男娃娃女娃娃都是一样的，都一样供读书'。"

"供读书"成了联增村民外出打工赚钱的重要内生动力！

三、"积极的打工人"

如最初的吃螃蟹者尝到了鲜味，螃蟹成了梦里的追求；封闭村落里最早的打工者看到了外面的世界，外出打工成了联增村民追求的梦想。

于是，无数贫困的村落里涌出了千千万万积极的打工者，联增人的故事让我们有幸看到了打工者积极的那一面。

坚忍不拔，不畏风险。

与群山环抱的村落相比，外部世界有诱惑，也有风险。20世纪90年代初，联增村最早的一批年轻人离开村落，到附近一个广东人承包的建筑工地打工。其间，一位女青年与来自湛江的小伙子恋爱、结婚。工程结束后，村里十几个年轻人随着这个女青年一起到广东打工。年轻人在广东收入不错，每个月有几百元工资收入。但湛江小伙子人品坏，喜欢赌博，总想方设法拉着联增村的年轻人一起开赌，边赌，边"出老千"。结果，联增村十多位年轻人赚的钱几乎都被他骗走了。一年多的辛勤劳动白白付之东流，联增的年轻人"最终认清了他的真面貌，纷纷离开了他"。一心想着赚钱的年轻人被劈头浇了一盆冷水，有的甚至连回家的钱还得凑。怎么办？他们没有一个"打道回府"，每天吃着咸菜白饭，仍"踏破铁鞋找机会"。于是，正如书中所写：他们"视野被打开了，他们成了最早的一批'种子'，逐渐在沿海地区生根发芽。靠着血缘和地缘的纽带，一批又一批亲戚朋友被连续带了出去，联增村打工的队伍也不断扩大"。

排除万难，能出尽出。

联增村被封闭在大山深处，几乎所有的变化都比外部世界"慢半拍"；打工的信息直到进入21世纪以后，才引起村民广泛关注。2007年以后，联增村出现了外出打工的高潮，当年就有112人离开村落，2008年更有152人外出。2015年，政府开始实行精准扶贫政策，除了实施多个种植、养殖项目外，扶贫工作的主要内容是帮助村民外出打工。在联增村，年轻人成年后基本上都外出打工一段时间，然后结婚、生育，妻子在家抚育小孩，丈夫则继续在外打工以维持家庭开支。等到小孩一岁以后，妻子把小孩"丢"给公婆抚育，自己再与丈夫一起在外打工。张健等在联增村调查时一户人家，"家中已有一个孩子在家由老人照顾，妻子在二孩出生几个月时，就坚持要和丈夫一起外出，并且将两个孩子一起带出。这样，一个人的收入要供在外的一家四口生活，入不敷出，不得已，在家的老人只能把通过养牛养猪所挣的钱，按时寄给在城市打工的儿子。"老人在家极其有限的收入，竟然得提供给儿子，以支持打工！

上下求索，积极进取。

观察外出的打工人，发现有两种不同的情况。有些打工人安于自己的社会地位、生存状态。无论打什么工，他们都顺从老板的指示，做好手头的工作，"一是一，二是二"，从来不会动其他脑筋。有些打工人"吃着碗里的，看着锅里的，想着田里的"，他们勤劳努力，却总是寻找着新的机会与可能。他们"不安心"，想着"出人头地"，一有机会，他们就可能"跳槽"。我们称前者是"消极的打工人"，后者是"积极的打工人"。

联增村农民是"积极的打工人"，张健等在书里提供了"一个在联增村有一定代表性的案例"。这个人初中毕业后就开始在附近做零工，其间，曾到河北做过几个月非常艰辛的水泥搬运工。搬运工累，赚钱并不多，他怎么算着都划不来，就离开赴浙江打工，两次前往，两次离开，先后做过六份工作。有趣的是，他每次换工，工资都有所提高，他说："2004年我当组长的时候，工资是960元一个月，后来到1200元，2008年的时候就有2000元，2009年又加了300元，2010年2500元，2011年2800元，2012年3500元。但是这个时候我女儿要出嫁，儿子也在城里读书，要高考，关键的时候你不可能不回来，于是就在城里租了套房子，守着儿子读完高中，2013 年就回来了。为了挣钱，还开了两年的服装店。"

联增村农民的"积极打工"具有积极意义，"打工"的生命实践已经并将继续开通富有魅力的中国航线，依稀可见前方的标牌写着"农村家户现代化"与"地方发展"。

四、"家户现代化"的畸形与扭曲

张健等著作中的一个核心概念是"农村家户现代化"，我们不去辨析概念，仍感叹于"打工"对于家户的强烈冲击，感叹于在短短十几年中发生在闭塞山村里的"革命性变革"。

"长幼有序"一直是联增村人遵循的行为准则，其最令人唏嘘的是父母对于子女婚姻的支配。由于地理区隔，联增村的婚姻常常局限于该村所辖的"盆地"内，村里甚至因此创造了一个词"盆地婚姻"。在"盆地婚姻"中，"背带亲"占比极高。"男女双方尚在背带上时，父母就已为他们定下了娃娃亲。"张健他们在联增村听到了许多"背带亲"的故事，讲述者的平静、安详让倾听者吃惊。这里引用二则：

> 我的"背带亲"是乜篾一组的，姓王，小名叫小转。她妈妈和我妈妈是亲姐妹，也就是说，她是我表妹，我们是姨表关系。10 岁时，我们就盘酒结婚了。

> 我 10 岁时就结婚了，她比我大 5 岁，姓王，是乜篾三组的。我们是"背带亲"。她是我姨妈家的女儿，也就是说，岳母和我妈妈是亲姐妹。结婚时已经办酒了。结婚后，我们没有住在一起，等了 13 年以后，她 28 岁，我 23 岁，我们都成年了，才住在一起。

改革开放的春风吹过大山，沐浴了九盘山脉，尤其是 1990 年以后，人性在春风中苏醒，"背带亲"陋习很快被抛弃了。令人印象深刻的是，最初冲破"背带亲"的是一个外出打工的年轻女孩。20 世纪 90 年代初，那个早已"定亲"的女孩走出乜篾村寨，到百德镇的一个建筑工地上帮助做饭。每天，她与工地上来自各地的打工人吃住在一起，嬉笑打闹，感受着自由。慢慢地，她与一位广东湛江小伙子相恋了。消息很快传到乜篾村里，父母强烈反对，"背带亲"亲家也想办法阻止。

但她不顾一切，在百德工地结束后，就只身跟着小伙子去了湛江。

这位女青年的故事具有多重意义，它宣示了"背带亲"的终结，进而标志着"长幼"权力的"下移"；它宣示了女性与男性一样，地位平等、机会共享；它宣示了人生选择，尤其是婚姻的自由。正如张健等的书中所说："随着大量人口外出打工，……自由恋爱取代了'背带亲'，如今 40 岁以下的已经没有人以这种方式缔结婚姻，即使其中有部分人在小时候有'背带亲'的对象，在他们外出之后，也主动取消了这种婚姻关系。"

摆脱"背带亲"，打工中的自由恋爱成了联增村的"时尚"，书中没有统计数字，引用的案例让人感受着联增年轻人恋爱中的自由之风：

> 大哥家有五个小孩，老大是女儿，老公是兴仁县城边上，是大嫂的妹妹在打工中认识后介绍的。老二是儿子，现在在贵阳打工，老婆是开阳的，两个人是打工时认识的。老三以前在广东打工，结婚后回到我们村来搞养殖。老四嫁到瓮安，是在浙江打工认识的。老五也是女儿，嫁到湖南，也是在浙江打工认识的。

> 二哥家有五个小孩，老大是女儿，嫁到百德镇，他们两个是在浙江打工时认识，现在还在浙江打工，有两个小孩。老二是女儿，嫁到瓮安那边，也是打工认识的，现在还在打工，有两个小孩。老三是女儿，嫁到马场，她是幼师，读了中专，考到邮电局上班，她老公在教书，有一个女儿。老四是儿子，老婆是安徽的，两个人打工认识的……老五是儿子，老婆是浙江的，也是打工的时候认识的……

短短二十多年，联增村农民家户内的权力结构发生了颠覆性变化，究其原因，观念的渗透性影响是重要的，但关键却在于"积极打工"本身。家户内部关系的改变与个人活动的一致，只能被看作并合理地理解为变革的实践，即"积极打工"。当联增村农民怀着强烈的"求变"意愿外出打工，他们的生存状态就可能发生总体性变化，而驱动一切变化的轴心是钱。

钱给了年轻人权力，还有自由。从前，年轻人身无分文，他们只得顺从父母的支配。打工以后，他们赚的钱远远超过父母。在很多时候，他们说话比父母响，脾气比父母大，可以自由选择"对象"，自由寻找落户的地方。

钱驱动着年轻人争创家户的荣耀。像其他自然村落里的情况一样，联增村村民们都暗暗地较劲，挣面子，比赛谁家的房子修得更好，更气派。正如一位村民所说，打工的目的一是修房子，一是送孩子读书。联增村"不少人家以前就修了一百多个平方米的平房，外出打工赚钱之后，又在边上修了几间，或者加层，面积差不多三百多平方米，有的还装修得很好，但是一年四季都很少有人在里面住。很多村民都把房子修好了就出去打工了，在他们看来，能修大房子就是有钱，就是有本事。"如今，走进联增村，一幢幢洋气的别墅耀眼，与"贫困村"之名形成极大反差。

钱、洋楼就等于现代化？

读着书中关于留守儿童令人伤感的故事，我心中涌动着伤感与无奈之情。我一方面感慨于联增村的打工者们已经并将继续为中国式现代化作出重要贡献，做出了巨大牺牲；另一方面，我从"家户现代化"中发现了畸形与扭曲：在这里，金钱吞食了人的情感，发展侵蚀了正常的生活！

五、以人为中心的地方发展

家户现代化是地方发展的题中之义，家户现代化的扭曲让我们看到了中西部，尤其是民族区域地方发展的痛点，逼迫我们反思地方发展的聚焦点。

改革开放以来，党和政府一直惦记着中西部贫困地区的发展，尤其在进入新世纪以后，"脱贫攻坚战"打响，贵州省政府更以"洪荒之力"推动地方发展，使联增村这样"深山老林里的村落"发生了翻天覆地的变化。张健等在书中写道："在联增村，从 2003 年起，……基础设施建设就是重点，道路从通村路到通组路和串户路，全部是硬化的水泥路；饮水的便捷性和安全性都有了高度保障，通信和网络都能高速入户。"由政府直接投资的基础设施建设为地方现代化创造了良好的条件。此外，联增村的教育发展令人惊讶。改革开放以前，女孩都难以上学读书的深山村落，由于政府的持续投入与推动，截至 2021 年，联增村竟然有 91 人接受过大专以上的高等教育，其中有 8 人跨进了全国重要 985、211 院校！

联增村地区地方发展毋容置疑，但在地方发展中，政府项目落地与打工者返乡创业之间"两张皮"现象却教人深思。

从 2010 年以后，在"项目扶贫"思想的指导下，地方政府经过反复论证确定了联增村的扶贫方案。最初实行的是"依托农户型项目"，其中包括核桃基地、五星枇杷种植与黄牛黑山羊饲养等三大项目，项目设计尽可能"尽善尽美"，执行过程也反复推敲。但出乎预料的是，所有项目都不了了之，还造成资源的浪费。政府接受了第一轮失败的教训，经过专家认证，决定采取"龙头企业＋农户"模式帮助联增村发展。经过招商，一个广西金矿老板前来联增投资，种植 400 亩生姜。另一个老板则承包了联增小学后面的 1000 多亩荒地种植构树。两个月以后，两个老板早已不见身影，只留下一片抛荒的土地！

正当地方政府紧锣密鼓搞"项目扶贫"时，联增村有 25 户 50 多人回到贵州兴仁市创业，其中回到联增村的有 8 户。创业的门类多种多样，在兴仁县域内，有人做铝合金加工、室内装修、百货店、饭店、顺丰快递、水果家具销售、驾驶员、微商以及办课外培训机构；在百德镇，有人搞石材加工、铝合金加工、家具加工以及百货批发；在联增村，除了销售、屠宰以外，最著名的是几个牲畜养殖大户。张健等在书中介绍了一位联增村的"养猪大户"，他 1982 年出生，毕业于贵阳畜牧学校，最初到县畜牧局工作，2006 年外出打工搞运输。2016 年，"人太累了，想给自己一些休息的时间，也想做点新鲜的，尝试不一样的工作。"如此想着，2017 年 10 月，他回到联增村筹建了养殖场。他说："养殖场大概 2000 多个平方吧，投了 45 万，一次性贷了 10 来万。我有个老朋友是我们县农林局的，给他们打个电话，办了相关的手续，走了一些程序，然后就开始建了。……如果有熟人介绍或者指导，按照规定的程序方法直接办起来就要快点，可以节省时间……"他的养殖场办得有声有色，2021 年，他准备新建 500 多平方米猪舍，在原来养殖 200 多头的基础上，再增加 150 多头。他认为，"目前看来，我们这里发展养殖业是比较有可能的，最安全的就是养羊、养牛。"

在联增村，一方面，政府的项目难以真正落地，另一方面，外出的打工者回乡艰难创业，少数取得了成功。二者都关联着地方发展，为何不能形成合力？

情况错综复杂，解释林林总总，归根到底一句话，人是最重要的，也是最宝贵的。地方发展必须依靠人，为了人，"以人为中心"！以此观之，联增村"积极的打工者"自然应该而且必须成为地方发展的"中心"，他们的生存状态自然而且应该成为地方发展的起点。

我们先看看"积极的打工者"的生存状态。

首先是回乡的意愿与实践。

与江浙沿海地区的农民相比，联增村与广大中西部地区、民族地区的农民相似，他们与村落以及地方保持着更加紧密的联系。张健等在书中专辟章节书写"乡村的拉力"，其中包括城乡的比较效应、农民身份所蕴含的权利、家庭情感的纽带以及村庄的文化纽带。书中写道："联增村打工的农民，不管在外面打工多少年的人，过年都一定会回来。"联增村的打工者与家乡地方"藕断丝连","丝"是文化的力量，拉着不少打工者自愿回乡创业。在这里，回乡创业中的"返乡不返村"现象值得关注，在25户回乡创业的人中，17户没有回村，而分别到百德镇以及兴仁市县城、农村开启他们人生的新征程。

其次，"安家落户"是"积极的打工者"们最强烈期望。

"2021年春季学期，联增村共有571名学前教育及义务教育阶段学生，其中……近500人中会有相当大一部属于留守儿童。"这是联增村的打工者，像全国数亿打工者一样，为中国式现代化做出的悲壮却无奈的牺牲！牺牲无可奈何，"打工者"却顽强地以自己的努力创造新的生活。他们以家庭代际支持为基础展开了可歌可泣的"接力式进城"运动，一代紧接着一代，每一代都呕心沥血地超越"打工—结婚生子—打工—返乡"这样的家庭生命周期。张健等在书中写道："'新家庭生命周期'模式，特别是农户一代接一代努力打破打工的代际遗传循环，为理解当前社会大流动、城乡二元、家庭'分离'背景下农村稳定性与农村现代化的未来可能，对理解流动时代农户家庭的行动逻辑极具启发性。"

联增村以及该村打工者的情况为我们思考中西部地区的地方发展提供了启迪。

地方发展的聚焦点既不在"乡"，更不能在"村"，而应该以县域为中心；地方发展不是"乡"，更不是"村"的发展，而应该是城乡融合的一体化发展。地方发展规划应该"以人为中心"，尤其关注"积极的打工者"，尊重现实情况与风俗习惯，保持一份谦虚，留有充分弹性。

地方政府要体察"积极的打工者"回乡就业、创业需求，激活地方资源，搭建交流与创新平台，提供温馨怡人的服务活水，让地方成为地方人才回流、外来人才落户的制度沃土。更重要的是，数亿人夫妻分居、子女留守的悲壮故事应该收尾了，各地方政府，尤其中西部及民族地区的地方政府有机会做出新的贡献，让"打工者"们都有一个夫妻团聚、老幼同堂的家。

这是中国式现代化的愿景，也应该是张健等书名中所说的"家户现代化"的题中之义。

（作者系复旦发展研究院当代中国社会生活资料中心主任）

十八洞村建设和美乡村的经验启示

⊙ 陈文胜

习近平总书记 2013 年到十八洞村考察，首次提出精准扶贫方略，并作出"实事求是、因地制宜、分类指导、精准扶贫"的重要指示。作为精准扶贫的首倡地，十八洞村在精准扶贫、乡村振兴、美丽乡村建设上走在前列，树立了典范，成为脱贫攻坚的生动注脚与历史地标，不仅是一曲中华民族改变命运、迈向全面小康的壮丽凯歌，更是世界反贫困领域具有标志性意义的中国故事，为和美乡村建设提供了经典的实践案例与经验启示。

一、坚持农民的主体地位，建设属于农民自己的乡村

十八洞村和美乡村建设过程中，要求村民房前屋后的庭院能种则种，能够种树的地方就种树，能够种花种草的地方就种花种草，能够种菜的地方就种菜。全村村民充分参与进来，达到室内美、庭院美的美丽家园标准，以户为单元的整治目标就实现了，县政府就授予"美丽农家"的牌子，使美丽乡村建设具备了内生条件。同时，按照"一户一门增收技术，一户一个增收项目，一户一个产业工人"的要求，精准到户、量身定做，为贫困群众脱贫致富创造条件、搭建平台，充分调动了贫困群众发展生产、脱贫致富的积极性，激发了广大群众依靠自己勤劳的双手和顽强的意志脱贫致富的内在动力。十八洞村从精准扶贫到乡村振兴取得历史性成就的经验有很多条，但归根结底最重要的一条，就是充分调动农民、发动农民、组织农民、团结农民，依靠自身的力量摆脱贫困、走向富裕。

二、注重留住乡愁与彰显民族特色，不搞大拆大建

对于一个具体的村庄而言，村庄的风貌是展示乡村特色的主要载体，是村庄自然、人文、历史等要素的外在反映，具有丰富的文化内涵。十八洞村在基础设施建设上坚持"人与自然和谐共生、建设与原生态协调统一、建筑与民族特色完美结合"三大原则，不搞大拆大建，不搞标新立异，不建高楼大厦，不建小洋楼，在保持传统特色、保护生态环境的前提下改善生产生活条件实现现代转型，把农村建设得更像农村。一是基于村寨民族传统建筑风格与建筑功能之间的关系，从景观设计、表现形式及材料工艺等方面突出具有乡土传统特色的文化地景。二是在建筑风貌改造设计中，把苗寨建筑文化和十八洞村实际情况相结合，以样板设计和设计导则为指引，将民族传统特色的民居保护与改厨、改厕、改圈、改池、改浴等适当植入现代元素的"五改"相统一，进行"一户一案"精准规划，对损坏较大的房屋在不破坏原有风貌的前提下进行加固改造，对损坏不大的房屋进行特色改造。三是原有水泥砖房用小青砖饰面处理，平屋面改造成小青瓦坡屋面，木房整修封檐板、翘角，房屋改造做到修旧如旧，以木板房、外编竹墙并盖青瓦为主，清一色的青石板路到家到户，实现以最少的投入、最小的改动、最简单的手段完成了整体风貌改造。

三、突出因地制宜的"造血"功能，发展乡村特色产业

十八洞村立足"靠山吃山、靠水吃水"的天然资源禀赋，探索了"飞地经济""四跟四走""生产互助兴产业"等模式和经验，发展起了特色种养、乡村旅游、苗绣加工、山泉水加工和劳务输出五大经济支柱，增强了村寨的"造血"功能，加速了村内产业变迁和经济重构。通过现代产业的发展机制与发展模式，把传统用于自给自足的腊肉、苗服、苗家土酒、中药材、茶叶等土特产转变为现代市场的交易商品，发展家庭民宿、农家乐、苗绣织品和山区果业等产业。十八洞村里诸如苗绣等民族传统工艺的商业化，催生了一批家庭工坊、手工作坊的发展，与乡村旅游的合力共同推动了苗寨经济的多元化。产业培育和经济重构是十八洞村乡村重构的物质基础和核心内容，要素整合、动力激活和能力培育则是和美乡村建设中产业培育和经济重构的"造血密码"。为资本下乡、农产品进城、劳动力回流等搭建了平台，创造了环境，也为村庄重构、乡村振兴奠定了坚实的基础；构建了面向外部要

素、内部要素、组织层面和个体层面分类实施、奖惩结合的动力激活机制体系；把对村庄主体能力的培育摆在重要位置，注重从"引能"到"育能"的转变，积极提升村民自我发展能力。

四、构建多元利益联结机制，推进共同富裕

十八洞村在和美乡村建设中注重让农民参与到乡村振兴当中来，让他们成为利益共同体中的一个环节，既是参与者，也是成果分享者，这样才能使农民认识到这就是自己的事，才能持续、稳定地摆脱贫困。为了克服单个个体去应对市场面临的挑战和风险，十八洞村将到户的扶贫资金集中起来，以股份的形式参与投资项目，形成投资的规模效应，实现贫困户与投资企业的双赢。以产业扶贫资金作为贫困户参与产业发展的利益纽带，让贫困户以资本的形式参与到市场活动，经营则交给专业的公司来负责，这样就事实上做到了"资金跟着穷人走、穷人跟着能人走、能人跟着产业走、产业跟着市场走"的良性循环，这种模式后来被总结为湖南的"四跟四走"产业扶贫模式。通过把资金统一起来进行项目建设，企业盈利一部分、贫困户分红一部分、集体经济留下一部分，这样，就通过建立起利益共享机制把个人、集体和市场有机结合起来了。专业合作社、企业等新型经营主体的参与，以及股份制等利益联结机制的应用，形成利益共同体，不仅提升了生产经营组织化程度，而且有力地推进了村庄现代化进程。

（作者系湖南师范大学中国乡村振兴研究院院长、博士生导师）

从农村扶贫网格化治理迭代升级到乡村发展网络化治理
——陕西汉阴县"321"基层治理的创新路径

⊙ 左停

　　党的二十届三中全会的决议强调要完善党组织领导的自治、法治、德治相结合的城乡基层治理体系，完善多主体参与的共建共治共享的社会治理制度，推动治理重心下移。陕西汉阴县自2014年起逐步探索构建了富有特色的"321"基层治理模式，产生重要影响。新形势下，汉阴县"321"基层治理模式在运行和发展过程中也面临着新任务、新挑战与新机遇，汉阴县推动农村扶贫网格化治理向乡村发展网络化治理迭代升级，从平面性质、单向度的网格化治理，拓展到立体化、互动性质的网络化治理。乡村发展网络化治理在强化多级网格全面覆盖的同时，拓展其对农村居民发展性需要和社会服务性需要的回应性，将多元市场主体、社会主体带入乡村发展网络中，促进不同主体之间的多向互动，并且强化核心部门的平台性、机动性、整合型与法治化，以开放式、包容式理念为基层治理赋能。

一、农村扶贫网格化治理的实践探索

　　基层网格化治理在中国最早用于社会治理领域。由于贫困治理的多维性和复杂性，为了实现"一个也不掉队"的精准脱贫目标，网格化治理作为精准扶贫的一个重要手段而被广泛使用。一方面，广泛收集贫困人群的信息，根据一定标准将其进行分类，从而建立精准的贫困信息系统；另一方面，根据帮扶干部的能力和意愿分派其负责相对应的贫困人口，通过经常性走访掌握相关人员的最新发展动态，对于符合政策的人员及时上报、全面落实，从而提升相对贫困治理的精准化和实效性。自 2014 年至今，陕西省汉阴县聚焦消除绝对贫困、改善基层治理，逐步健全县域基层治理体系，有效调动基层帮扶人员资源，形成了富有特色的"321"基层网格化治理模式。脱贫之后，面对乡村发展新形势与新任务，这一网格化治理面临诸多挑战，亟须迭代升级，为县域社会发展网络化治理水平提供新的支撑。

（一）"321"基层治理模式的缘起

汉阴县原属国家扶贫开发工作重点县，脱贫攻坚时期贫困人口相对较多，为了实现精准帮扶的目标，汉阴县按照地形和户数分布，将村按片、组、院落分为一、二、三级网格，每个三级网格为 20～30 户、60～100 人，村支书任总网格长，村、组干部和党员、人大代表、中心户长分别担任三级网格长。"三线"和实现管理网格化、服务精细化取得了一定的社会成效，随后增加了以村级党组织为核心的"自治平台"，"321"基层治理模式就此诞生，并至今不断在汉阴县基层治理工作中发挥作用、持续迭代。

（二）"321"基层治理模式内容

汉阴"321"基层治理模式的核心做法可以概括为"三线两化一平台"，即编织党员联系群众、人大代表联系选民、中心户长联系村民"三线"纽带，以管理网格化、服务精细化"两化"为路径，建立一个以高效治理"平台"为保障的治理体系。

依托"三线"联系群众。首先，党员联系群众，构成镇党委→党支部→党小组→党员→群众的组织架构，负责宣传党的方针、政策和法律法规；听取收集群众建议意见；帮助解决实际困难；增强党群凝聚力。其次，人大代表联系选民，构成镇人大主席团→代表小组→代表工作室→人大代表→选民的组织架构，负责广泛征求选民意见；为群众排忧解难；履行代表职责；增强代表制度执行力和公信力。最后，中心户长联系选民，构成镇政府→村委会→中心户长→村民的组织架构，负责协助镇村做好信息收集、政策宣传、纠纷调解、治安联防等工作；为贫困群众、鳏寡孤独等特殊群体提供帮助。

推动管理网格化和服务精细化的"两化"目标实现。将全县划分为若干个基础网格，每个网格配备网格员，实现网格内人员、资源、服务事项的信息化管理，再依据群众家庭经济收入、家庭结构等情况，将村民划分为放心户、关心户和连心户，实施"绿黄红"三色管理，提供有针对性的服务。

搭建"一个平台"汇集基层治理的信息。依托信息系统和手机 App，建设县级"321"大数据中心，与全县各镇、村（社区）的综治中心及信息中心全面对接，构建起多方主体参与的基层高效治理"大平台"。这一平台的数据支撑来自"三线"人员手机 App 和"321"基层治理信息系统等信息化平台，能够有效实现信息多跑路、干群少跑路的目标，提高基层治理的效率和水平。

（三）"321"基层治理模式效能

一是壮大了基层治理力量。充分调动经济组织、社会组织、党员、人大代表、中心户长、乡贤能人、群众等各方力量，各村（社区）的"治理者"数量由过去的 5～7 名村"两委"成员扩充为 50 人以上，全县共选配 3666 名三级网格长，基层工作力量得到充实。二是推进了数字汉阴建设。全县 10 个镇，160 个村（社区）同步建立"321"信息中心，实现县、镇、村三级互联互通。通过综治 App 可即时与网格员进行视频连线，实现了点对点交流互动、调度指挥，有效提升了网格信息采集更新、平安检查巡查、网格居民走访服务工作质效。三是提高了循证决策能力。通过 321 数据信息中心对"三线"人员、网格员采集上报的各类基础信息及各行业部门相关数据进行处理分析，形成分析研判报告，为基层治理决策提供科学依据，形成用数据说话、用数据管理、用数据决策的基层治理新机制。

二、新形势下基层治理面临的新任务新挑战

随着乡村社会经济结构的改变和现代化建设新征程各项事业的新发展，当前"321"基层治理模式面临新任务、新机遇和新挑战，需要在新形势下实现进一步迭代升级。

（一）如何应对网格化治理成本提升

脱贫攻坚期间，网格员工作成本由于脱贫任务的政治性而被隐藏（或者暂时性承受），脱贫后，汉阴县网格化治理的成本不断显现并直线上升，每年网格员运营管理费用约 400 万～500 万元，造成县政财政压力。网格化治理需要增加大量的人力和物力。多样化的治理任务需要选配更多的网格员，以保证定期入户走访和及时提供帮助、服务，提升基层群众的满意度。此外，"一平台"需要良好的技

术条件作为支撑。数字平台建设迭代升级需要开发新的系统模块、提升数据整合共享水平等。可见促进这一高效治理平台的创新升级，所需财政投入量较大。

（二）如何拓展网格化治理功能定位

脱贫攻坚时期，通过网格划分明确了网格长、网格员的具体管理区域、管理人口、工作职责和任务分工，实现了对贫困人口"全网覆盖、责任到人、分工明确、一包到底"的工作机制。明确包联对象，因户因人精准施策，按要求进行巩固帮扶，借助政策解决群众困难。脱贫攻坚的工作任务和标准都比较明确。而当前国家治理的中心任务已经从消除绝对贫困和保障人民群众生命安全转向为经济发展和繁荣服务。在这一背景下，"321"基层治理模式也需要聚焦发展目标与形势的转变，使基层治理模式在服务市场和社会主体经济发展需求方面发挥更多作用。在新的治理情境下，网格化治理的功能定位如何拓展？

（三）如何适应纵向组织机构的变革

新一轮机构改革后，中央社会工作部统筹推进党建引领基层治理和基层政权建设，将有效解决基层治理中的突出问题，全面提升基层治理成效。然而，当前汉阴县基层治理模式中，社会工作部组织力量和发挥作用仍需要进一步提升。汉阴县社会工作部如何以"321"基层治理模式为抓手，进一步统筹社会工作需要团结的主体力量，进一步培育县级社会工作人才队伍、社会组织、行业协会商会，加强新就业群体组织、民营企业党建工作，实现各领域快速反应，仍需探索。

三、从"网格化"到"网络化"："321"基层治理的迭代升级

面对国家治理中心任务转向、运行方式变化和组织机构变革等治理背景的变迁，如何实现以反贫困为中心的帮扶治理向乡村振兴发展型治理的过渡转型，汉阴县积极谋划"321"基层治理的创新，推进"网格化"向"网络化"迭代升级。从平面性质、单向度的网格化治理（grid governance），拓展到立体化、互动性质的网络化治理（network governance）。网络化治理包含着多重涵义：一方面，强化多级网格全面覆盖，拓展其对农村居民需要的回应性，包括发展性需要和社会服务性需要，将市场主体（乡村振兴公司、强村公司、合作社等）、社会主体（社会组织、社会企业等）多元治理主体带入发展网络中；另一方面，强化网络化功能，

加强不同主体之间的多向互动联系，特别是强化核心部门的机动性与平台性、整合性与法治化。

（一）"3"，变三为众，拓展党政部门、市场主体和社会三大方面多元主体参与基层治理格局

首先，加强党组织对基层治理的全面领导作用，明确各级政府部门职责，推进协同工作机制，并根据不同村社的特点，差异化发挥党政部门组织对特定基层治理的特色作用，提高公共服务的针对性。其次，培育县乡村振兴公司，推动国企带镇村，鼓励国有企业带动民营企业参与基层治理，引导企业主体在基层治理中发挥服务作用，支持企业发展和社会责任项目。第三，拓展社会大众参与基层治理实践有效路径，激活多元主体力量，建设居民议事平台，完善志愿者服务机制。

（二）"2"，建设政府服务下行和民意表达上行渠道，构建双向互动的治理逻辑和模式，实现服务精准高效化、民意表达常态化

一方面，需要强化基层治理服务理念，将目标从"维护社会稳定"转变为"打造优质服务、满足公众需求"，推动网格员角色向服务者转变。另一方面，需要畅通基层信息反馈渠道，增设自下而上的群众建议和反馈机制，依托大数据平台分析基层服务需求。

（三）"1"，强化一个基层治理的枢纽，以提升服务质量为导向，促进网格员优化配置、数据资源整合共享、社会工作服务专业化

首先，以县委社会工作部为基层治理政治枢纽，培育和打造一两个社会工作专业服务机构，引导人力和组织资源流向基层治理，形成一支能快速反应、灵活高效机动、服务基层社会治理的社会工作队伍。其次，充分利用现有科层体系，进行网格的再划分和网格员的优化配置，既保障网格员工作的主动性和积极性，又可保证公共服务的质量、促进群众获得感和幸福感的提升。最后，以社会公共服务需求为导向，拓展大数据平台的功能，提升数据整合共享水平，建立公共数据目录，强化数据纵向互通和横向整合，提高数据利用率和平台服务能力。

（作者系中国农业大学国家乡村振兴研究院副院长、人文与发展学院教授）

数字乡村建设助推农民农村共同富裕的机遇、挑战及实践进路

⊙ 唐小芹　谢雨婷

党的二十大报告提出农民农村共同富裕是实现全体人民共同富裕中最艰巨最繁重的任务。党的二十届三中全会指出，中国式现代化需要依靠进一步全面深化改革来实现，还首次提出"完善强农惠农富农支持制度"。伴随数智时代的来临，数字乡村建设面临前所未有的机遇，并成为新时代农村改革发展的重要举措和实现农民农村共同富裕的关键一环。然而，当前农村地区依然面临着数字鸿沟、人才短缺、基层治理等制约乡村数字化发展的不利因素。因此，积极探索数字乡村建设的实践路径，对于推动乡村振兴、建设农业强国具有战略意义。

一、数字乡村建设助推农民农村共同富裕面临的机遇与挑战

当下，数字乡村建设是机遇与挑战并存、困难和希望同在。认清挑战、直面挑战，识得机遇、抢抓机遇，既是必备的理性，也是应有的智慧。

（一）数字乡村建设助推农民农村共同富裕迎来前所未有的发展机遇

新时代新征程，在党组织的坚强领导下，数字乡村建设赢得了政策支持、技术赋能、科学治理等多方面的前所未有的良好机遇。

一是政策支持的力度越来越大。中国政府自 2018 年起，连续六年颁布相关政策持续推进乡村数字建设。2018 年中央一号文件首提数字乡村战略。2019 年中共中央办公厅、国务院办公厅印发《数字乡村发展战略纲要》指明信息化在乡村建设中应发挥更显著作用。2020 年农业农村部等印发《数字农业农村发展规划（2019—2025 年）》擘画了数字农业农

村发展新蓝图。2021 年中央一号文件提出全面推进乡村振兴实施数字乡村建设发展工程。2022 年中央网信办等部门联合印发的《数字乡村发展行动计划（2022—2025 年）》明确数字乡村建设行动纲领。2023 年中共中央、国务院印发《数字中国建设整体布局规划》提出以数字化赋能乡村产业发展、乡村建设和乡村治理。这些政策在执行力度上体现出从局部到整体、从宏观安排到精确部署的递进式发展。

二是技术赋能的强度越来越高。从赋能农业数字化生产来看，数字乡村建设依靠网络、信息等基础设施将农业科技渗透到农民农业生产全过程，为共同富裕提供无人驾驶拖拉机、无人机等智能农机装备，有利于增强生产效率；从赋能农村数字化产业来看，以第一产业带动第二、三产业发展，如伴随农村电商服务体系的发展，截至 2024 年 12 月村级寄递物流综合服务站累计建设 33.78 万个，促进"线上线下"双线融合服务，为农民提供更多就业机会和收入来源；从赋能绿色农村来看，农村数字化为环境监测提供了技术手段，有利于降低农业污染物排放，提升农村生态宜居水平。

三是科学治理的效度越来越显。首先，数字化技术增强农村治理高效率。智能系统应用极大提升农村事务运作效率，同时数据支撑和科学算法工具，促进农村治理上的科学决策。其次，数字技术推动农村公共服务均衡化发展。如一些名校建设的"数字教育小院"、中国联通发布的"文枢 AI 教育"等，为乡村教育振兴提供有益的支持。远程医疗服务网络逐步向乡村基层延伸覆盖。智能手机、云计算和大数据的迅速普及提升了基层医疗服务水平。数据显示，全国 70% 的卫生院已经和上级医院建立远程医疗协作关系。

（二）数字乡村建设助推农民农村共同富裕面临的现实挑战

受各类客观因素以及人们主观认知不足的双重影响，数字乡村建设在基础设施、人才队伍和体制机制等方面仍面临一些较为突出的问题。

一是数字乡村建设面临数字鸿沟加深加宽的困境。具体表现为存在"接入鸿沟""使用鸿沟"和"效果鸿沟"。从接入层面来看，城乡之间在互联网普及率上仍有差距。截至 2024 年年底，农村互联网普及率已达 65.6%，但与城镇相比仍落后 19.7 个百分点。从运用层面来看，城乡居民数字使用鸿沟较为突出。据中国工信部数据，截至 2024 年年底我国已建成并开通 425.1 万个 5G 基站，但农村很多地区仍主要依赖 4G 信号，削弱了农村网民数字应用体验。从效果层面来看，城乡在数字应用质量上差异较为明显。城市居民运用数字技术深度参与智能办公、金融理财等，而农村地区数字技术则主要应用于社交、通信、娱乐等基础领域。

二是数字乡村建设面临人才匮乏与技能升级的困境。在乡村地区，人才匮乏与技能升级困境成为制约数字化建设的重要因素。首先，乡村地区人才匮乏。这主要是因农村地区人才流失严重、农村劳动人口受教育水平较低所导致。国家统计局发布数据显示，截至 2023 年全国农民工总量为 29753 万人，其中外出农民工数量为 17658 万人、占农民工总量近 60%，本地农民工数量为 12095 万人、占农民工总量 40%。同时，因对新技术不熟悉，农村居民对数字化技术的适应能力偏低。其次，农村地区难以吸引和留住高素质人才。农村地区经济发展水平相对滞后，农村地区薪资水平和福利待遇较低，农村地区的文教和医疗资源相对匮乏，很难形成对高素质人才持续吸引力。最后，农村居民还因培养体系不够健全，导致农民技能提升受阻。

三是数字乡村建设面临农村基层数字化治理体制机制不畅的困境。形式主义突出、治理体系陈旧、政策机制缺乏成为阻碍数字乡村建设的主因。在政策执行上，形式主义较为突出。有些农村基层干部迷恋数字留痕，有的基层干部追求回收浏览量和留言量上报，组织村民用模板文字在政府公众号留言等。在基层治理上，治理体系较为陈旧。数字乡村建设缺乏有效的数据共享和整合机制，导致信息共享缺乏系统性和连贯性。在机制构建上，还不够健全完善。伴随数字技术的普及，衍生出一系列潜在问题，如农村居民信息隐私保护的缺失，在一定程度上影响村民对数字技术的信任度。此外，数字化平台运行的监管政策较为疲弱，容易生成谣言并影响当地社会稳定。

二、数字乡村建设助推农民农村共同富裕的实践进路

针对以上困境，需从弥合数字鸿沟、注重人才培育与引进、健全体制机制这三方面入手，探索和开创数字乡村建设的实践进路。

（一）通过推进新型数智化基本建设来弥合数字鸿沟

我国城乡数字鸿沟问题的根源在于数字资源过于集中在城镇地区，大大降低了数字技术的普惠效应。鉴于此，面对我国城乡数字鸿沟治理的难点，需从夯实硬件基础设施、提升数字认知水平、促进产业数字化转型等多方面着力，全方位、高质量推进农村地区数字化发展步伐。

一是以夯实农村地区硬件基础设施作为弥合城乡数字鸿沟的基石。政府应加大对农村地区网络通信设施建设的投资力度,铺设高速光纤网络,增加5G基站覆盖,提升农村地区网络稳定性和传输速度。同时,加强农村地区数字化终端设备的覆盖面,通过补贴等措施来提升智能农具等智能设备在农村家庭的普及率,为农村居民链接数字世界提供硬件设施和物质基础。

二是以促进产业数字化转型升级作为弥合城乡数字鸿沟的经济支撑。尽管数字化技术赋能农业发展,显著提高了农业生产效率,但目前仍有一些农村地区遵循低效的传统耕作模式。为此,要加大农业数字技术研发力度,加快无人机、智能采摘机器人等动力型"新农具"的研发供给;促进数字技术在农业生产规划、作物田间管理、产品在线销售等方面的深度应用,以此全面提升农业生产数字应用水平。此外,还可以利用数字技术开发乡村旅游资源,通过线上宣传等方式,吸引更多游客前来体验乡村生活,带动农村服务业的发展,创造更多的就业机会和经济增长点,为农村地区的数字化发展提供较为坚实的经济基础。

(二)通过专业化人才引育来打造乡村数字人才高地

人和技术设备、人与机器的智慧互动程度,是决定数字乡村的关键因素。只有技术的发展,没有使用技术的人才,数字乡村达不到预期的目标。因此,重视人才培养与引进是助力数字乡村建设的重要引擎。

一是重视乡村本土人才培育,这是加强数字乡村人才队伍建设的长远之计。本土人才的培养应从需求导向出发、从基础教育入手、从业务培训着力。在基础教育和知识教育上,农村学校中增加数字技术相关课程,抓早抓小培养学生数字意识和技能。在情感教育和认同教育上,增强学生对家乡责任感和使命感,鼓励学生学有所成后情系生长之地、回报父老乡亲、建设家乡、建功立业。在业务培训和专项培训上,主动获取支持、有效整合资源开办农民培训学校,组建乡村专业技术培训班,就地培养既懂农业又有数字技术的复合型人才。在因材施教和分层教育上,根据农民不同需求和文化水平设置不同层次的培训内容,便于农民将数字技术与农村生产与生活有机结合。在教育渠道和培训方式上,注意线上线下相结合。利用新媒体平台,如微信短视频、抖音和快手等平台,制作通俗易懂的数字素养培训课程,增强农民学习兴趣和学习实效。

二是引进数字化专业人才,这是优化数字乡村人才队伍建设的紧迫之举。为此,首先要在优化环境上"下功夫"。要加快农村教育、医疗和文化等社会事业整体性发展，不断改造改善农村生产环境、优化美化农村生活环境，以此吸引和留住优秀人才。其次，要在制定政策上"花力气"。要落实更加科学、合理的引进优惠政策，如提供住房补贴、高薪薪酬、子女入学优惠等条件，吸引数字技术人才扎根农村。再次，要在高端引智上"做文章"。建立多方合作机制，设立多方合作的横向项目和专项项目。加强数字乡村建设项目与高校和科研机构的合作，可考虑在农村选点、布点设立实习基地和科研工作站，吸引高校师生和科研人员到农村参与项目研究和实践，有的高校利用大学生"三下乡"活动集中送科技下乡，或者选派相对稳定的"科技特派员"送技术下乡。

三是当地政府给予大力扶持，这是优化数字乡村人才队伍建设的重要之策。在建设层面，增加地方政府对农村"水、电、道路、通信"等基础设施投入力度，优化生产生活环境。在优惠层面，减免数字技术培训机构税收，激励更多优质培训机构投身其中。同时，对报名参与数字技术培训的居民补贴学费，从而提高农村居民参培积极性。在引才层面，地方政府制定积极开放的引进政策，拓宽人才引进通道，如通过大学生村官、西部计划等方式，引导和鼓励高校毕业生和高素质人才到农村地区工作。

（三）通过健全体制机制加速数字乡村基层治理现代化

科学有效的政策体制机制是推进乡村治理数字化的基础。为此，要从完善政策体制机制等方面着手，增强乡村治理数字化建设的执行效能。

一是细化与相关政策和制度相配套的具体规范。目前，国家陆续制定并发布了多项关于数字乡村建设的政策和制度，包括《数字乡村发展行动计划（2022—2025年）》《数字乡村建设指南2.0》等，但更重要的是基层政府应制定和完善数字技术在乡村治理中具体的、切实可行的应用规范。各地政府应该结合当地的实际情况，求真务实、实干为为、因地制宜、因时制宜，完善有关数字化技术应用于乡村治理的法律法规、准则细则，如制定有关数字平台运行监管、农村居民信息和隐私安全、数据资源共享制度等法律法规。

二是确保各项政策和措施得到有效执行，力戒和破除形式主义。需从以下几方面入手：在强化党建引领上，发挥基层党组织的政治领导功能，加强党的基层组织建设，培养一批政治素质高、业务能力强的党员干部，把党建优势转化为数字乡村建设与发展的优势。在强化监管机制上，推进乡村共同体内部的自我监督和相互监督以及第三方监督机制的协同联动，确保数字乡村治理落到实处。在考核评价机制上，以实际治理效能为考核方向，既注重量化指标的结果性评价，又要注重过程性评价，不以数字作为衡量基层政府工作的唯一标准。

三是推动基层治理体系的改革与创新，使其更加适应数字化治理的需求。当务之急，是尽快建立健全"规划明确、职责清晰、平台共享、准则完备"的数字乡村建设工作机制。由上级政府牵头，组织相关部门和专家，结合乡村实际情况与数字化发展趋势，制定数字乡村建设的整体规划。着力打破传统乡村治理中各部门条块分割的局面，明晰各部门在数字化治理中的核心职能，减少职能交叉与重叠，促进部门间的信息流通与合作。同时，完善数据整合机制，搭建乡村一体化数据共享平台，打破不同部门、不同系统间的数据壁垒，还要制定严格的数据共享规则和安全保障制度。

三、结语

适逢推进乡村全面振兴、加快建设农业强国的关键阶段，数字乡村建设成为时代的选择、国家的选择。数字乡村建设，重在把党的领导贯穿到深化农村改革各方面全过程以确保其沿着正确政治方向前进，要厘清现状、认清困难、把握机遇、梯次推进、乘势而上，实在弥合数字鸿沟、注重人才引育、健全体制机制，力在聚合地方政府支持、农民主体性、乡贤智慧和能量，落在乡村振兴的高质量发展和治理效能的彰显。数字乡村建设前景可期，同样任重道远。

（作者唐小芹系湖南科技大学马克思主义学院院长、教授、博士生导师；谢雨婷系湖南科技大学马克思主义学院硕士研究生）

乡村契约治理共同体的理论内涵、现实基础与实现路径

⊙ 王利清

马克思指出人的本质是一切社会关系的总和。中国乡村社会是由血缘、地缘与亲缘关系组成的差序格局，村民对乡土社会具有归属感与认同感，乡村熟人社会的价值生产能力塑造了村庄的公共性，并依靠乡土文化传统下的社会诚信机制和声誉机制对乡村社会秩序发挥了重要的治理功能。随着乡村现代化的发展，人口流动与外来资本的进入使村庄原本稳定的社会结构受到挑战，传统的社会秩序与村民心理结构发生了改变。乡村社会越来越趋向于原子化发展，村民价值观发生转变，中国传统乡村社会的共同体意识日益弱化。乡村私人生活兴起和家庭空间边界渐趋封闭，村民的价值观念与人际交往出现功利化倾向，基于血缘、地缘与亲缘的治理机制式微，乡村治理陷入"公共性"困境。只有当社会中更多人将集体利益置于个体利益之上而进行自我约束时，社会的公共性才会增强。由此，当前乡村治理需要重建乡村共同体，促进乡村社会现代公共性的增长和诚信机制的重塑，乡村契约关系的建立对乡村社会治理维系发挥重要作用。在乡村治理实践中，既存在国家建构的以法治为基础的正式制度，也存在由村规民约、道德诚信形塑的以德治为核心的非正式制度，正式制度与非正式制度具有政治性、公共性和契约性等多重维度，是乡村契约治理共同体建构的基础。

一、乡村契约治理共同体的理论内涵

随着新时代中国农村社会从生存型向发展型转变，乡村治理势必要求在党的集中统一领导下有内涵拓展与质的提升，以共同体的思维与合

力推进乡村有效治理。乡村契约治理共同体强调在乡村治理中，通过契约的形式将不同治理主体联结起来，通过共享、互助、诚信的价值理念，形成共建共治共享的乡村社会治理局面。乡村契约治理共同体强调从"共同治理"到"治理共同体"的逻辑转换，旨在通过乡村契约关系推进乡村有效治理，实现价值、利益、责任和诚信的统一。乡村契约关系是指乡镇政府、村委会与村民之间以契约为主要法律依据建立的一种风险共担、利益共享的责、权、利明确的乡村合作治理关系。

第一，乡村契约关系的要义是建立诚信精神。乡村契约关系的有效性在于契约各方责任和义务的明晰性和确定性，它对乡镇政府、村委会与村民之间的关系形成一种保护机制，被契约各方主体接受并内化为诚信精神，最终使契约成为乡村社会的价值共识。

第二，乡村契约关系蕴含着平等、民主与权利意识。平等意识强调契约主体，即乡镇政府、村委会与村民在乡村契约关系中地位平等；民主意识强调契约主体的自由选择与意愿表达；权利意识强调契约主体之间互惠互利与各方的权利义务对等。平等、民主与权利意识推进各契约主体之间平等、合作、协商，实现权利与义务均衡、效率与公平统一、自由与秩序协调。平等、民主、公平是乡村契约关系追求的价值目标。

第三，乡村契约关系遵循利益共享之根本。首先，乡镇干部、村委会与村民三方在自愿、互惠互利的基础上签订"契约"，乡村干部与村民之间形成利益契约关系，三方主体通过平等对话、协商谈判的形式表达各自利益倾向，在利益分享与风险共担基础上实现乡镇政府、村委会与村民之间契约合作治理的帕累托最优。

第四，乡村契约关系实现知情权、参与权与监督权的统一。知情权是农民对契约内容、乡村社会发展、管理以及各类政策等信息的权利；参与权是农民参与契约制定、决策与实施等内容的权利；监督权是农民有权对乡村契约制定、实施等情况进行监督，并有权力检举与控告违反契约内容的行为。

二、乡村契约治理共同体的现实基础

1. 党建"契约化"治理的中国方案

党建"契约化"治理模式不仅彰显坚持党对基层治理工作全面领导与大力推动基层治理机制创新二者有机融合的巨大制度优势，也为乡村治理现代化提供中国方案。党建引领乡村治理是乡村治理体系优化的有效方式，是"中国之治"在基层治理中制度优势的发挥。"契约化"这一理念在党建引领乡村基层治理的引入，形成党建"契约化"治理模式，其具有汇集多方主体力量推动乡村治理的作用。基层党组织依靠其组织功能、宣传功能、凝聚功能、服务功能、引导功能，整合辖区内各级党组织，发动党员群众，聚合社区资源和结对组织资源，能最大限度调动群众参与乡村社会治理的积极性、主动性和创造性。这既是中国特色社会主义乡村治理模式的鲜明特质所在，也是其制度优势所在。

2. 乡村契约共治的创新实践

乡村治理需要公共利益机制的创新、公共精神的培育、农民主体的赋权，而乡村契约的缔结可加强乡村治理主体的平等性和协商性，且契约缔结方所持的契约精神也能提高乡村公共性的稳定，故以乡村契约型协同共治有利于推动构建合作协商、利益协调、政策协同、多元协作的治理机制，并形成乡村利益共同体。乡村契约型协同共治是各主体达成共识并形成共同行动纲领与合作规则的乡村契约治理共同体，通过契约制定与实施的闭环，引导凝聚乡村治理整体共识，制定共同目标愿景、共同行为规则和共同行动纲领，有助于提升乡村治理水平、推进乡村治理创新实践。

3. 契约文化共塑的现实需要

村民作为乡村共同体的重要构成要素，其获得平等合法权利和养成公共精神是民主国家建构的基本要求。乡村契约治理共同体充分尊重村民主体的人格自由，采取村民自主化选择策略，使村民养成现代公共精神并内化为村民的人格特质，共同营造乡村治理的公共文化和契约精神，乡村契约公共文化共塑共享成为乡村自治德治法治的现实需要。如何整合村民的价值取向、培育乡村共同记忆与认同以提升村民的公共理性，使乡村形成自觉守法、遇事找法、解决问题靠法的良好法治文化氛围，是实现乡村治理有效的难题。乡村契约治理共同体的构建则推动农村走向"契约型社会"，推动村民通过契约内容的协商提升其公共事务参与程度，通过契约签订后的规则规范其行为，并形成依据契约行事和依靠契约解决矛盾的契约精神。乡村契约公共文化的塑造是乡村现代转型的现实需要。

三、乡村契约治理共同体的实现机制

（一）信息共享机制

一方面，建立良好的信息共享机制，使得农民享有更多的知情权，以抵消另外两个主体乡镇政府与村委会的"投机"行为。乡镇政府在乡村契约关系中，应立足于乡村公共利益，严格按照乡村契约关系建立与实施规定及其程序，让农民监督乡镇政府与村委会的行为，使得信息共享机制能够更加科学化与公开化，并形成良性的制度，切勿由于信息不对称将契约行为的成本转嫁给农民。

另一方面，建设信息共享平台，促进契约涉及相关内容以及乡村社会管理的信息在乡镇政府、村委会与村民之间有效共享。信息不对称是乡镇政府、村委会与村民之间产生"投机"等道德风险的一个重要因素，信息透明是解决信息不对称的重要途径。透明程度越高，信息就越准确，契约主体之间对称性越高，使得彼此之间合作成本降低。

（二）对话协商机制

第一，合作型公共服务供给模式的灵魂是"理性协商"。一般认为只有通过协商，多元治理主体才有可能建构信任。但是，真正有助于信任建构的不是一般的协商，要求必须是"理性协商"。"理性协商"就是来往的相关主体信息获取方式是通过真诚交流、理性表达，都抱有达成一致性意见的诚心和态度。

第二，乡村契约关系下合作型公共服务供给模式以实现个人利益与公共利益相对均衡为目的，理性权衡后满足多元治理主体各方的利益诉求。随着村民对各种利益诉求的期望及应对难度的不断增长，想要达到合作型公共服务供给离不开利益的均衡与调和，而利益的均衡与调和要进行"理性协商"。

第三，各方参与主体间包容性的增强要靠"理性沟通"。"理性沟通"的过程是村民能够接收到信息的更好途径，在这个过程中，村民们参与积极性更强，与此同时，另两方主体聆听和尊重村民们的陈述和立场，不断审视此前的选择，三方主体对公共利益的目标形成共同的认识，均以负责任的态度参与到乡村公共事务的治理中。

（三）监督问责机制

第一，建立完善的监督问责机制。如果各契约主体对契约内容的利益共享、执行规则等没有建立明确的监管措施和违约处罚制度，会导致契约关系中出现机会主义行为。为规避风险，契约关系中资源占有方会有意将一些有利于自身利益的信息与资源不予共享，从而致使契约合作关系破裂。

第二，监督问责机制由契约关系中的各方主体进行协商制定。建立完善的监督问责机制有利于降低乡村契约关系中的"道德风险"问题，促进乡村契约关系的建立与实施。监督问责机制包括具体的监督问责内容、监督问责的刚性机制与弹性机制，能够有效地保障任何一方在违反契约合约的情况下受到及时的有力处罚，对侵犯契约关系中任何一方利益的行为给予及时纠正与惩罚。

第三，建立乡村契约关系监督问责的反馈环节。监督问责机制的反馈主要指将乡村契约关系实施过程中出现的问题以及相关事宜的问责结果进行及时通报，反馈主要是为了及时处理乡村契约关系实施中的问题，避免进一步将问题恶化，将相关问题的影响降到最低，保证各契约主体的利益。

（四）冲突解决机制

第一，乡镇政府与村委会主导型解决机制。乡镇政府与村委会主导型解决机制倾向于乡村社会整体发展，甚至乡镇政府与村委会建立乡村社会发展合作关系，形成乡镇政府与村委会联盟，乡镇政府与村委会以争取项目、加快乡村社会发展作为回报。

第二，村民主导型解决机制。村民主导型解决机制将村民的利益诉求置于优先位置，此机制将村民大规模动员起来，村民通过诉求等形式影响乡镇政府与村委会，争取对自身有利的政策与乡村契约内容。

第三，乡镇政府、村委会与村民三方参与主体互动型解决机制。这种解决机制可以形成兼顾乡镇政府、村委会与村民利益的共惠方案，并可提升乡镇政府乡村治理的公信力。构建互动型冲突解决机制促使乡镇政府从发展导向、增长为本走向权利导向、服务为本。

（作者系内蒙古农业大学人文社会科学学院副院长、教授）

中国式现代化进程中乡村研究核心问题的再思考

⊙ 刘东阳

　　从 20 世纪二三十年代晏阳初、梁漱溟等人推行的"乡村教育计划""乡村建设运动",到 21 世纪初以温铁军为代表的"重启乡村建设运动",再到近年来政治层面主导下的新农村、美丽乡村、和美乡村建设,乡村主题的学术研究与建设实践从来没有停止过,且随着乡村振兴战略的提出、实施与推进,受到越来越多学者的关注。习近平总书记做出了关于"中国式现代化"的重要论述,并指出:"推进中国式现代化,必须全面推进乡村振兴,解决好城乡区域发展不平衡问题。"这对推进农业农村现代化、实现乡村振兴提出了新要求。在中国式现代化进程中,我们所进行的乡村研究也要肩负起更高的社会责任与学术使命。

一、乡村研究类别

　　乡村研究,是泛化的研究,还是框架性的研究;是理论指导实践的研究,还是实践推导理论的研究;是自上而下的研究,还是自下而上的研究;是社会视角的现代化改造的研究,还是文化视角的保存乡土特色的研究;是强调乡村治理的政治学研究,还是强调经济发展的经济学研究……从当前的学术成果与建设实践看,存在着一定程度上的含糊与分歧,究其原因,是乡村研究的核心问题缺乏有效界定,如乡村研究项目的类别,研究的实施者是谁,样本如何界定,研究内容是否具有结构性特征,应该采用什么研究方法以及研究成果如何转化等。我们重点从乡村研究项目的类别、研究主体、研究对象（样本）的分析出发，重新梳理乡村研究的几个核心问题，从中探寻乡村研究的发力方向。

乡村研究不仅是学术性的，也是实践性的，既需要理论的创新、建构与支撑，也需要乡村建设实践来总结经验、验证假设、丰富理论、造福村民。结合我国乡村研究的实际情况，我们把乡村研究项目的类别分为科研项目与建设项目两类。

乡村科研项目的管理部门，是各级各类具有科研项目管理职能的政府部门，负责研究项目的发布、管理、组织、整合、实施等工作，包括且不限于全国哲学社会科学工作办公室、国家艺术基金管理中心等"国字号"的政府机构，以及教育部、文化和旅游部、省教育厅、省科技厅、省文化和旅游厅、省市社联等政府部门与机构。他们针对国家与地方关于乡村发展面临的主要议题，在多学科框架内发布"命题""半命题""自命题"的科研指南，并通过项目级别的认定与经费支持，获取大量关注与参与。其研究者大都是高校教师，级别较高项目对申报者职称有着明确要求，因此这类科研项目即使从"应用研究"的立场出发，即使有"采纳证明"的成果形式，其研究仍然更多地体现在理论意义层面。

还有一类乡村研究项目切实存在着，可能由于政治层面的主导性，除了掌握政治资源的少数研究机构与学者，学界较少直接介入，但其也有着鲜明的研究必要性，政府文件中常以"乡村建设项目"称之。乡村建设项目的发起部门，是各级政府及其与乡村发展有直接或间接关系的部门。这类项目的发起有两条路线，一是成批次的由上至下的"名单"式建设项目，二是单体性的基层乡村自发的建设项目。

"名单"式的乡村建设项目，是指各级政府按照一定标准评选出或者直接认定的重点建设的乡村，往往以"名单"的方式发文。这类项目有着充分的政策支持与充足的资金投入，如《河南省乡村建设示范创建方案》明确指出，每年选择20个县、100个乡镇开展示范创建，创建期为2年，省财政对每个省级示范乡镇奖补1000万元，对每个国家级美丽宜居村庄奖补100万元。对这些乡村建设项目成果的考量，更多的是政治层面的业绩标准与经济层面的产出标准，"旧貌换新颜"注定不是难事，其"成果"一定要看起来很现代、看起来很整洁、看起来很幸福、看起来很舒适乃至看起来很有钱。针对这些项目的研究，无论是项目进行之初的顶层设计，还是项目建设过程中的环节把控，乃至项目结束后的效果评估与持续改进，更要强调"面子"下的"里子"，诸如村民需求、生态环境、文化保护、公平正义、可持续发展等问题如何能够与政治指标、经济指标实现均衡发展，应该成为我们重点关注的研究议题。

单体性的基层乡村建设项目，是指没有经过高一级政府的部署与直接经费支持，单个乡村出于发展目的自主进行的涉及居住环境、生态环境、商业模式等多个层面全局性的乡村规划与建设，成果则体现在乡村社会文化经济的整体提升。有的是乡村基层领导邀请乡建专家入驻，有的则是乡建专家主动投身建设。这些乡村大都具有较好的经济基础，拥有着生态资源、文化资源等方面的优越性，本身已经具备了一定的发展潜力，乡建专家有信心、有兴趣参与其中。这些乡村建设的成果，往往会形成较大规模的影响，甚至成为乡建"标杆"，但我们要清楚的是，其可复制性是值得商榷的。如郝堂村的建设，固有的生态环境、较好的经济基础、乡村领导的眼界与魄力、李昌平的"恰巧在场"并对孙君盛情邀约、村民的配合程度等多种因素缺一不可。因此，这些乡村建设的成功是必然、也是偶然。针对单体性乡村建设项目的研究，要明确乡村的优势资源、挖掘可利用资源，在可为与不可为之间、在建设什么与怎么建设之间做好选择。

二、乡村研究主体

乡村研究的主体，即乡村研究的实施者，包括以乡村研究为主要任务的各类研究机构以及对乡村研究感兴趣的各学科各专业的研究个体两种类型，既体现出现阶段乡村研究的"组织意识"与"团队意识"，又体现出乡村研究的"十字路口"特征。具有学术感召力与科研能力的研究个体，往往是上述研究机构的发起者与领导者；而具有影响力的这类研究机构，又能够吸引更多更优秀的研究个体参与其中，使他们从"十字路口"的路人转入学术研究的阵地，进一步扩大研究机构的科研能力、实践能力以及社会影响力。

乡村研究的机构，往往依托高校成立，围绕高校固有的科研优势以及机构核心成员的感召力，成立了研究角度不同、研究方法不同、研究目的不同的针对性强、差异化明显的乡村研究高地，如"中国人民大学乡村建设中心""北京大学乡村振兴中心""西南大学中国乡村建设学院"等。这些研究机构既可以通过机构成员科研项目的申报获得纵向横向的科研课题，并以此丰富乡村理论研究，提升个人科研积累；也可以依托机构成员的理论能力与实践能力承接各级政府发布的乡村建设项目，更加直接地参与乡村实践。

同时，还有一些更接近于民间组织的乡村研究机构，其发起者虽然也可能拥有高校教师身份，却又保持着相对独立性，如 2004 年刘相波发起成立的"北京梁漱溟乡村建设中心"以及 2014 年 12 月赵月枝发起成立的"浙江缙云县河阳乡村研究院"，前者致力于乡村建设实践，培养与影响了大量致力于乡村建设的年轻人；后者兼顾乡村建设实践的同时，以发展有全球视野和中国立场的人文社会科学和创新中国百年乡村建设传统为宗旨，以"引领学术界、教育教育者、影响媒体人、辐射文化圈"为工作目标，更加倾向理论建构。这些独立性较强的研究机构，由于少了政治的顾虑与束缚，在理论研究与乡村建设实践层间更加自由与务实。

乡村研究的个体，情况则相对复杂一些。初期的乡村研究者，大都出身乡村或有着较长时间的乡村生活经验，面对故乡破败的生活环境、落后的经济面貌、异化的乡村伦理以及种种不公与狭隘，他们进入乡村研究领域更多的是一种使命感与学术自觉，如写出《中国在梁庄》《出梁庄记》《梁庄十年》的梁鸿，他们想为家乡做些事，想通过自己的努力改变乡村面貌，想让亲人们过得更好，而知识分子的武器无非是笔和纸，种种情感转化为文字上的"鼓"与"呼"，却又充斥着知识分子的无奈与"怒其不争"的抱怨，回到乡村之后，又必然或者说不得不再次离开乡村。

随着乡村振兴战略的实施与推进，乡村研究成为政治引导下的新的学术热点，各学科的研究者纷纷从本学科视角出发，投入各类乡村议题的研究之中。我们不排除"追热点"的"学术投机"与"有枣没枣打一竿子就走"的学术试水，但我们必须承认，多学科视角为乡村研究提供了新的思路，一定程度上打破了初期乡村研究"重破轻立"或"易破难立"的研究困境，尤其是实践性更强的学科，将理论研究与乡村实践结合在一起，为乡村发展出谋献策，甚至进入乡村、驻守乡村，按照自己的"蓝图"与乡村的需要规划乡村、设计乡村、建设乡村，我们应该以开放的姿态欢迎与接纳不同学科领域的学者参与乡村研究与实践，只要能够造福村民、服务村民，岂不更好。

三、乡村研究对象

乡村研究必然要围绕乡村进行，乡村又是一个宽泛的概念，很多初入这一领域的研究者尤其是没有乡村生活经历的年轻人对"乡村"并没有形成清晰的理解与界定，各种选题与论文匆匆"上马"，缺乏针对性的泛泛而谈屡见不鲜。我们要对乡村研究的对象即"乡村"形成清晰的认识，每一次乡村研究要明确研究对象的差异性，用脚步丈量乡村土地，用实践感受乡村脉动。

第一，从属性上理解乡村。字面上看，乡村由"乡"与"村"两个汉字组成，代表着两种不同的行政单元，乡是最小的行政区域，村是基层的群众性自治单位，因此"乡村"首先是一种政治称谓，且作为政治称谓，落脚点常放在"村"的层面。同时，"乡村"又与"城市"相对，即使规模不大的县城，也以城市的标准进行机构组织与规划建设，县城里的居民尤其敏感自己的"市民"身份，从这个角度而言，乡村也代表着一种地理称谓。最后，"乡"字又极易与"家乡""故乡"联想在一起，引发情感认同与情绪共鸣，这也是很多研究者对乡村研究产生关注的重要原因，由此乡村又成为了一种文化称谓。因此，我们进行乡村研究，要同时考虑乡村的政治属性、地理属性与文化属性。

第二，从形态上理解乡村。很多场合（包括官方文件）使用"农村"指称乡村，是不够准确的，农村只是多样化的乡村形态之一。"乡"由"村"构成，根据生产生活形态的不同，乡村可以再进一步细分为农村、山村、渔村、牧村等，也有人把茶村、猎村单列出来。我们从字面就能看出其间的差别，这种生产生活形态的不同，又会形成文化需求、经济需求、生态需求以及社会治理等方面的显著差异，如果不考虑乡村形态的差异性，在广义乡村的层面进行乡村研究，势必导致空泛研究，缺乏足够的针对性与实践意义。

第三，从个体上理解乡村。乡村是一个整体概念，也是一个个差异化的个体，每一个乡村都有着不同的经济结构、人员素质、历史背景、生活习俗、发展潜力等。有过乡村建设实践经历的研究者深有体会，某一个乡村的成功经验，很难直接移植到其他乡村，哪怕是相邻的两个乡村，也会存在很大的差异性，教条主义的乡村研究与建设思路是行不通的。我们可以通过更为广泛的乡村调研与实践、总结具备推广价值的乡村建设经验，这是乡村研究的应有之义。但我们必须明确，乡村建设没有"样板间"，乡村研究也做不出可以"复制粘贴"的乡村建设方案，必须坚持"一村一策"的思路，深入目标乡村，才能真正地服务乡村发展，实现研究意义。

第四，从样本上理解乡村。这里的样本，指的是我们在进行乡村研究时选择的乡村个案。很多研究者喜欢盯着"美丽乡村"，从各级政府发布的"美丽乡村"名单里找出符合自己研究需要的"目标村"，发掘其建设成功的经验，查找其发展中的不足，希望做出查漏补缺、值得推广的研究成果。这样的研究取向未尝不可，但是有失科学甚至有失公允。"美丽乡村"无法代表中国乡村的全部，"旅游"式的调研得到不真知灼见，"文化乞丐"的研究心态更是不可取。同时，正如上文诉说，每一个乡村都有着自己的差异性，乡村建设的成功经验难以简单地复制粘贴。现实生活中，有的村庄因为出了"能人"导致资源倾斜，村子里"别墅"林立、环境宜居、村容整洁，而相邻的几个村庄则仍然是典型的空心村状况，几乎看不到发展的希望，这样的"经验"与"资源"必然是无法总结与推广的。我们强调的是，在乡村研究的样本上，既要参照"美丽乡村"，更要深入一般乡村甚至是贫困乡村，使我们的研究更具建设意义。

四、结语

乡村研究是理解中国社会变迁的基石，中国式现代化进程中的乡村研究，对中国现代社会经济文化的发展，更是具有重要的理论意义与实践意义。除了乡村研究项目、研究主体、研究对象之外，研究主题、研究方法、研究成果等也是我们开展乡村研究必须深入分析与理清界定的核心问题。如乡村研究内容方面，依据乡村振兴战略的总目标，我们可以把乡村研究主题简单归纳为乡村产业研究、乡村生态研究、乡村文化研究、乡村政治研究、乡村经济研究。然而，更为重要的一个研究主题即乡村群众或者乡村居民的需求研究，更应该作为乡村研究的出发点和落脚点贯穿乡村研究始终，即我们要改造的乡村面貌、投资的乡村产业、弘扬的乡村文化等，是不是这个乡村的群众需要的，一定要避免政治层面的"一刀切"主义和精英视角的"主观主义"，而是要为了村民建设乡村，建好乡村服务村民。在乡村研究方法方面，要摒弃闭门造车的主观臆断，也要警惕投机主义的"文化乞讨"，贴近乡村才能建设乡村，要掌握运用质化与量化相结合的研究方法，既承认理论研究的深刻性与支撑意义，也懂得量化研究的科学意义与指向意义。在研究成果方面，我们既要警惕理论的泛谈，也要抵制无规划无意义的乡村实践，理论性的学术成果与实践性的建设成果，都是乡村研究成果的重要组成部分，且要更加倾向于理论成果向实践成果的转化。这些相关问题的研究，将在后续研究中进一步充实与完善。

［作者系河南艺术职业学院发展规划处副处长，副教授，本文系 2023 年度河南省科技厅软科学项目"河南省乡村民俗文化数字化建设研究"（项目编号：232400411149）研究成果］

中国式现代化进程中的小农户现代化

⊙ 陆福兴

党的二十大报告指出：中国式现代化是人口规模巨大的现代化，是全体人民共同富裕的现代化。我国"大国小农"的国情决定小农户既是中国式现代化巨大的人口规模，也是全体人民共同富裕的短腿。中国式现代化的艰巨挑战是必须破解人口规模巨大的小农户现代化难题和小农户实现共同富裕的难题这一双重难题。因此，在推进中华民族伟大复兴的现代化强国建设中，客观上要求把小农户纳入国家现代化框架中。加快推进小农户的现代化，才能为全面现代化补齐短板并提供坚强的主体力量和物质基础，中国全面现代化强国复兴梦才能真正实现。

一、小农户能否现代化的理论探索

我国目前还有 2.6 亿小农户，这是农业农村部门的统计，有 5 亿多人生活在农村。即使到 2030 年，我国仍将有 1.7 亿户左右的小农户，2050 年就是我们实现全面现代化的时候，还有 1 亿户左右的小农户。小农户尽管是"小人物"，但他是中国式现代化里的"大问题"，可以这样说，没有小农户的现代化，那全面现代化就不能实现，只有小农户实现了全面现代化，我们才能实现全面现代化。

关于小农户现代化的理论，当前主要有两种不同的观点：一是小农户现代化消亡论。经典马克思主义，根据生产力与生产关系的矛盾，认为小农户不适应现代化的生产方式,必定在现代化进程中消亡。因此，我国联产承包制前期的许多有关小农户的研究，都是持小农户的消亡论，研究小农户的集体现代化问题，对小农户独立现代化关怀很少。二是小农户现代化共生论。认为小农户与现代化不是对立的，小农户能够与现代农业主体和谐共生。联产承包责任制后，研究者认为小农户不会立即消亡，我国官方也看到这一点，认为小农户立即消亡不符合现实，于是提出了经营主体带动小农户现代化的小农户共生论，但是，小农户是否能独立实现现代化，共生论没有做出明确的回答。但大家倾向于小农户在新型主体的带动下实施现代化。

二、小农户现代化的中国逻辑

中国式现代化的人口众多特征和共同富裕特征，归根到底都是"大国小农"的本质表现，只有让几乎占全国人口一半的小农实现现代化，中国全面现代化的实现才有可能。小农户现代化是中国式现代化的现实要求，也是历史发展的必然，更是我国农业农村优先发展的政策要求。

1. 现实逻辑

大国小农的基本国情决定了小农户必须加速成为现代化主体。我们要实现全面现代化，如果小农户不现代化，全面现代化是空喊口号。全面现代化还必须要小农户来给我们提供物质基础和支撑，所以这也是小农户必须要现代化的理由。最后，小农户自身发展为实现现代化创造了主体素质条件，当前的小农户再也不是以前的传统小农，小农户从科技、从自身文化、从自身能力等也具备了现代化的要素和能力，所以小农户自身对现代化也具备了主体的可能性。

2. 历史逻辑

中国革命胜利不能没有小农的参与，现代化更不能没有小农户。历史大家都懂，新民主主义革命胜利实际上因为共产党联合了农民，我们走了一条农村包围城市、武装夺取政权的道路，所以新民主主义革命胜利了。小农户在革命、改革开放到社会主义建设中，作出了卓越的贡献。特别是新民主主义革命中间，小农户做的贡献起了决定性作用。实际上胜利以后，以前的一些革命老区、边区和苏区，小农户的现代化程度是最低的，所以从历史逻辑上来说，我们不能忘记小农户，当前应该把小农户的现代化摆在重要的位置上。

3. 政策逻辑

党的二十大提出乡村振兴的时候，就提出了农业农村优先发展，即使要优先发展，优先发展谁？"小农户"就是优先发展最重要的主体。小农户是当前农民的绝大多数，小农户占中国乡村目前98%的经营主体，经营着全国农业70%的农用地，乡村振兴是谁的乡村振兴，振兴什么？为了谁？回答这一系列问题都离不开小农户。

三、构建小农户独立现代化的保障体系

小农兴则乡村兴，乡村兴则国家强。现代小农户的强势发展，已经成为实施乡村振兴战略最根本的力量，小农户的小农业承载着中华民族的"乡愁"。全面推进乡村振兴农业农村优先发展要加速小农户现代化，强化农业农村发展的小农户主体，进而夯实我国全面现代化的主体基础。

1. 完善顶层设计做好小农户现代化的制度安排

发挥社会主义制度的制度优势，做好制度的顶层设计。形成全面现代化建设中小农户农业农村现代化推进制度体系，切实支持小农户优先发展。坚持城乡融合工农互补原则，把小农户现代化与新型城镇化建设有机结合起来，形成城乡融合带动小农户现代化的坚强合力。做好小农户现代化的宣传和帮扶工作，形成小农户现代化发展的社会共识，构建小农户优先发展的社会帮扶促进机制。

2. 构建优先支持小农户发展的扶持保护制度

构建小农户优先投入的刚性财政体制，国家农业投入资金必须有到小农户的明确比例，财政对农业企业和公司的投入须以带动小农户为前提；构建小农户优先的税收优惠体系，对小农户的生产经营有明确的税收免除；构建小农户优先的土地使用制度，确保小农户现代化发展的用地需求，强化小农户的土地权利保护；构建小农户优先的金融发展制度，国家有条件为小农户贷款提供相应的利息补贴和贷款保险，提升小农户的信用能力；构建小农户优先的市场政策，推进市场公平，确保小农户生产经营的良好市场环境。

3. 创新小农户现代化的生产经营体系

加大科学技术对小农户的支持力度，强化科技应用的简易化、傻瓜化，让小农户简便使用现代物质装备进行生产，用通俗易懂的现代科学技术指导小农户生产经营活动，加速推进小农户生产条件现代化，不断优化小农户的生态环境，构建小农户抵御自然灾害和风险的生产环境，增强小农户生产发展的稳定性。通过

社会化服务规模化推进小农户生产规模化发展，引导单个小农户成为规模化的群体并提升小农户的经营效益，构建适合小农户现代化的生产服务体系，主要在完善生产设施建设、提升小农户的生产能力和生产环境质量上着力。引导和鼓励农业社会化服务组织为小农户开展代耕代种代收服务，开展病虫害统防统治和肥料统配统施服务，推进社会化集中育苗育秧、灌溉排水，为小农户提供贮藏保鲜等经营性社会化服务。建立支持小农户精细生产的政策支持体系，引导小农户做好做优做大"土特产"文章，引导小农户把"一亩三分地"做成高效优质农业，鼓励小农户发展庭院经济，兼业发展多种经营增收。

4. 强化全产业链对小农户的联接带动机制

要进一步完善家庭联产承包责任制，创新"三权分置"的社会化经营体系，建设农业发展共享平台向小农户开放，提升小农户的现代化营销能力。完善小农户农业全产业链参与机制，强化小农户农产品的供应链联营，推进小农户进入二、三产业发展，加快建立政府背书的小农户土特产供应网络，加强小农户网络销售技术和能力培训，打造适应小农户联络城乡的小农户土特产电商销售平台，构建农业全产业链的营销公用平台网络，实现小农户产前、产中、产后的全程化平台支持。建立支持小农户的农业技术推广机构，向小农户精准推广农业技术，在优良品种引进、动植物疫病防控、质量检测检验、农资供应和市场营销等经营环节上，构建小农户为主体的合作体系。

5. 构建适应小农户现代化的社会保障体系

构建完善的风险保障体系，解除其现代化发展的后顾之忧。一方面，要构建小农户的产业保险体系，小农户抗风险能力弱，要完善小农户的产业保险体系，构建小农户的自然风险和政策风险保障体系，消除小农户现代化发展的后顾之忧。另一方面，要完善乡村社会保障，加快提高城乡一体化社会保障水平，加大国家对小农户的社会保障支持力度，实现小农户社会保障与城市市民均等化。对于相对贫困的小农户要进行政策倾斜，建立小农户有效的自然风险和社会风险防范体系和保障体系，提升小农户抗风险能力，整体提高农业农村风险保障水平。

（作者系湖南师范大学中国乡村振兴研究院教授）

"赤脚医生"现象对我国医药卫生事业现代化发展的启示

⊙ 赵建靓　张懿

新中国成立以来，中国共产党领导中国人民进行的社会主义现代化建设事业，体现了与资本主义现代化相异的鲜明的制度内涵和道路差别，其中一个重要领域是直接关乎人民生命健康与福祉的医药卫生事业。旧中国的医药卫生水平低，国民曾被称为"东亚病夫"，因此新中国成立后，医药卫生事业的发展受到国家重点关注。我国医药卫生事业的现代化建设没有照搬照抄西方国家经验，而是立足实际、自主探索，走出了一条富有中国特色的医药卫生事业现代化发展道路。其中，"赤脚医生"为推动新中国的医药卫生事业发展、提高国民健康水平做出了重要贡献。"赤脚医生"制度作为以人民为中心发展医药卫生事业的案例在 1974 年召开的第 27 届世界卫生大会上被世界卫生组织高度评价为"解决边远地区医药卫生问题的典范"，值得我们深入研究。尽管由于历史条件的限制，新中国"赤脚医生"的医术水平并不十分高明，保障医疗覆盖面的广度、相对匮乏的医疗资源的制约、医疗水平的有限等是一组矛盾，"赤脚医生"制度的实施也并非尽善尽美，但应当重视其在有限的资源支持条件下所包含着的创新的发展医药卫生事业的指导思想和理念原则，与当下坚持以人民为中心的医药卫生思想是一致的。

一、"赤脚医生"现象的产生背景

新中国成立初期，我国人民体质相对羸弱，平均寿命仅有 36 岁，内蒙古自治区等偏远地区的人均寿命低至 19 岁。人口死亡率达到 2.5%，产妇死亡率为 1.5%，儿童死亡率为 13%，城市婴儿死亡率是 12%，全国婴儿死亡率竟高达 20%。在当时的中国，尤其是在农村地区，医疗资源深度匮乏，医生和医疗设施严重不足，人民的生命健康无从保障。

1965 年 6 月 26 日，时任卫生部部长的钱信忠向毛泽东汇报工作：全国有 140 多万名卫生技术人员，其中 70% 在大城市，20% 在县城，只有 10% 在农村；医疗经费的使用情况为农村占 25%，城市占 75%。毛泽东听后严厉地说："广大农民得不到医疗，一无医，二无药。卫生部不是人民的卫生部，改成城市卫生部或老爷卫生部，或城市老爷卫生部好了。"应该"把医疗卫生工作的重点放到农村去"，培养一批"农村也养得起"的医生，由他们来为农民看病服务。毛泽东作出的"把医疗卫生工作的重点放到农村去"的"六二六指示"迅速在全国范围内得到了积极响应，强调注重以人民为中心来进行有限医疗资源的分配。截至 20 世纪 60 年代末，包含"县—公社—生产大队"三级医药卫生机构的农村医药卫生网在中国农村绝大多数地区基本建立，几乎每个村都有两三名"赤脚医生"，到 1977 年年底，全国的"赤脚医生"数量达到了 150 多万名。

1968 年 9 月 10 日，《红旗》杂志发表了一篇题为《从"赤脚医生"的成长看医学教育革命的方向》的文章；9 月 14 日，《人民日报》转载了这篇文章，随后其他报刊也纷纷转载，"赤脚医生"这一名称逐渐走向全国。平时在田里赤脚务农，村民有需要时再提供医疗服务，"亦医亦农"正是"赤脚医生"的特点。"赤脚医生"是积极响应毛泽东号召的产物，有学者指出，"赤"是"红色"的意思，红色象征着毛泽东思想。这种解读为"赤脚医生"的称谓增加了强烈的政治色彩和丰富的意识形态内涵，这体现在对"赤脚医生"候选人家庭和政治面貌的严格要求上，需要历史清白、政治观念强等，而"地""富""反""坏""右"五类分子都不能成为"赤脚医生"。

二、"赤脚医生"现象的演进历程

应当承认，"赤脚医生"由于培训时间短、知识水平有限，在诊疗过程中存在操作不当、误诊等现象。一位"赤脚医生"曾在知青文集中写道："我兼任'赤脚医生'，其实并不懂多少医术药理。一碗白开水中，针管来回推几下，就算消了毒，几年中，也从未有过感染的事，不知是我特别幸运，还是老乡们特别皮实。"当然也不乏医疗过失导致村里产生中毒、感染事件等情况。但仍应看到他们在中国农村地区医药卫生事业发展史中起到了重要作用。

（一）从垄断到普及：医学知识的广泛传播

新中国成立前，医学知识的传播主要通过依托于血缘关系的父子传承和建立在师徒关系基础上的师徒传承。这两种传播方式都有很大的局限性：空间上限制了本地范围，数量上限制了医学知识的接受者。而且为保证患者持续性的选择，医学知识、实践技能、药方、经验都在家族或师门内被严格保密，不轻易外传。因此，过去的传播模式极大限制了医学知识的推广普及。

"赤脚医生"的选拔方式打破了医学知识的传播壁垒，大幅提升了医学知识接受者的广度和数量，同时催生了一系列辅助医学教学、临床经验交流的医学出版物。例如，上海市川沙县江镇公社卫生院发行了包含"培训"、"复训"、"修订"和"参考"在内的四个版本的《赤脚医生培训教材》；杭州市卫生革命委员会发行了《工农医疗卫生手册》《赤脚医生手册》；国家及省级期刊《赤脚医生杂志》《浙江赤脚医生杂志》也相继问世。随着出版物数量的增加，医学书籍的发行方式也作了相应调整，县卫生局面向生产大队医疗站和公社诊所免费发放"赤脚医生"培训教材，邮政系统会优先保证期刊的投递工作，让医学刊物能及时送到基层"赤脚医生"手中。医学出版物的增多和发行渠道的畅通，标志着医学知识传播方式在中国的重大变革，促进了医药知识广泛传播，密切了医疗从业者之间的交流，成为"赤脚医生"在短期培训之外重要的知识来源。

"赤脚医生"制度带来的医学知识传播方式变革对于解决中国农村医疗资源短缺问题意义重大，促进了医疗资源的普及、均衡化和基层医生医疗服务能力的提高。掌握医学知识的"赤脚医生"打破了原来个人或家庭对医学知识的垄断，他们不仅是医疗服务的提供者，还是医药卫生知识的传播者，面向广大人民群众开展健康教育，将医学知识进一步推广。

（二）从男性为主到女性参与：女性就医难题的解决

在传统中国社会中，医者多为男性，普通女性难以甚至几乎不可能接触医学知识、学习医术。由男性主导的医疗者群体对女性就医造成了极大不便，受"男女授受不亲"封建观念的影响，男性医生为女性患者看病时应有家庭成员在场陪同，诊疗过程中只能进行非常有限的身体接触和言语交流，不利于医生全面了解病情、系统进行诊治。传统女性在面临生殖系统疾病时，宁愿忍受痛苦也不愿就医，她们认为这是见不得人的可耻的病症。在20世纪30年代推行农村公共卫生时期，接种疫苗的女性羞于向男医生露出自己的手臂。到 20 世纪六七十年代，情况仍未得到好转，妇女们抵触男性医生注射，无法接受听诊器隔着衣服按压在她们的胸脯上。长期以来，由于分娩过程不卫生造成的感染是农村地区产妇和新生儿死亡率高的重要原因，虽然有女性接生婆辅助，但医疗知识较为匮乏的接生婆无法百分之百地保证产妇和新生儿的生命健康。可见，农村地区需要具备科学的医疗知识的女性医生，这对于治疗女性患者、发展农村医药卫生事业十分关键。

"赤脚医生"的选拔是没有明确的性别限制的，女性也能参与培训、成为医生，女性力量开始在中国农村的医药卫生事业中崭露头角，成为实施中国乡村妇科疾病普查诊疗和计划生育的主力军，顶起了农村医疗的半边天。有"中国赤脚医生第一人"之称的王桂珍就是其中的一位女性，她是歌颂女"赤脚医生"刻苦学习医学知识、为乡亲们治病的剧情电影《春苗》的原型，是在日内瓦第 27 届世界卫生大会上发言的中国代表，是多次获得毛泽东接见的"赤脚医生"模范。王桂珍的事迹激励了更多女性成为"赤脚医生"，也让女"赤脚医生"日益获得了社会各界的认可和信任。20 世纪 70 年代，女"赤脚医生"的形象在宣传海报上频繁出现，这既凸显了女"赤脚医生"在实践中的良好表现，也体现了女性社会地位的提升。"赤脚医生"制度下，医生群体从以男性为主到女性增多的变化是女性患者的福音，在一般医疗技能之外，接受妇产科培训、负责计划生育的女"赤脚医生"承担起了男医生不便完成的工作，这对于维护女性健康、促进中国乡村医药卫生事业的全面发展以及性别平等都具有重要意义。

（三）从富贵到平凡：医生群体的阶层变化

中国有句古语叫"秀才学医，笼中捉鸡"，意思是学习医术对有文化的人来说是相对较容易的，这反映出医生教育和文化水平的重要性。新中国成立前，行医的医生大多来自富裕或精英家庭。这一情况与当今时代有些相似，医学作为综合性高且不断发展的学科，有大量复杂的理论知识需要学习，同时医学也注重实践过程中的经验积累和临床技能的锻炼，因此培养一名合格的医生是耗时长、花费高的，需要家庭的大力支持和强力托举。

"赤脚医生"的选拔标准带来了医生群体的阶层转变，这一制度下更多出身普通的农村青年乃至贫下中农子女有机会成为医生。这些来自农村、了解农村的青年在接受医学教育后，能够扎根农村、全心全意地为人民服务，他们与乡村百姓有着天然的亲近感，更能获得患者的信任，促进医患关系的和谐。

三、"赤脚医生"现象的中国经验

"赤脚医生"现象不仅是中国农村医药卫生事业发展的一个里程碑,更彰显了中国特色和中国经验。"赤脚医生"在普及医学知识和提供医疗服务过程中,还注重提高人民群众的自我保健能力。随着当今医疗技术的不断进步和医疗资源的日益丰富,更应总结"赤脚医生"制度的宝贵经验,不断改善服务模式、提升医疗水平,为保障人民生命健康作出更大贡献。

(一)立足国情,创新基层医疗模式

新中国成立初期,广大农村地区医疗资源极为匮乏,严重的缺医少药掣肘威胁着人民群众的生命健康。大多数中国农民在 20 世纪中叶前从未听说过要去医院看病,直到 20 世纪 60 年代中期绝大多数医患接触都还是在家中进行,对普通农民来说,住院、转诊都是十分遥远且陌生的概念。可见,中国民众的医疗需求是大量下沉在基层的。"赤脚医生"制度通过广泛招募和短期培训使大量具备基本医疗知识的"赤脚医生"进入基层医疗卫生服务体系当中,为农民提供了最基础的兜底医疗保障,推动了医药卫生事业发展。"赤脚医生"制度是立足国情、因地制宜的产物,也是关注基层、践行以人民为中心发展理念的产物。相关数据显示,截至 2024 年 8 月,我国基层卫生健康工作者有 495 万名,其中乡村医生 110 万名,服务基层百姓。推动优质医疗资源下沉基层、强化基层医疗卫生服务能力、推进医疗公平,仍是当今我国医药卫生事业发展的重要问题。

(二)注重预防,促进民众健康教育

1949 年新中国成立后,我国在医药卫生事业方面走出了一条不同于西方国家的中国特色社会主义的发展道路。党中央定下了"预防为主,团结中西医,卫生工作与群众运动相结合"的工作方针,把"人"的因素充分组织动员起来,"赤脚医生"造福百姓,用草药、银针等低成本手段维护了几亿农民的健康。"赤脚医生"的职能,不仅有治病还有"防病",通过疫苗接种、普及医疗常识、传播科学观念等在农村地区进行疾病预防工作。预防为主是当前全球卫生治理的趋势,即重视通过预防和控制疾病来降低医疗成本,提高人民健康水平。在卫生健康现代化的过程中,解决问题很重要,从根源上避免问题的产生同样也很重要。重视疾病预防、加强民众的健康教育是推动医药卫生体系可持续发展、促进健康中国事业的关键策略。

（三）深化改革，不断完善体制机制

随着时代发展，"赤脚医生"制度经历了相应调整和改革。20世纪70年代，国家的助推对"赤脚医生"群体认同的形成及社会地位的提高起了重要作用，在当时强调"又红又专"而非仅注重专业医疗知识的相对浓厚的政治氛围中，"赤脚医生"无须依靠医疗机构注册或获得专业文凭就可树立权威。改革开放后，中国的国情发生了巨大的变化，"赤脚医生"的侧重点由"红"转向了"专"，医药卫生领域的现代化发展呈现出明显的专业化、提高服务质量、增加科技应用的趋势。1985年1月25日，《人民日报》刊发了《不再使用"赤脚医生"名称，巩固发展乡村医生队伍》一文，标志着"赤脚医生"群体慢慢退出历史舞台。所有农村卫生人员凡经过考试、考核已经达到医生水平的，成为乡村医生。乡村医生需要经过相应的注册及培训考试方可办理执照开业行医，乡村医生管理进一步正规化、专业化。在"赤脚医生"制度施行的鼎盛阶段，1980年全国有150多万名"赤脚医生"。针对大量不合格医生的下岗失业问题，国家也相继出台了一系列政策，要求各地政府采取补助等多种形式，解决好下岗医生的生活保障问题。中国医疗体制改革从1994年开始实施，每年都有新举措。2024年6月，国务院办公厅印发了《深化医药卫生体制改革2024年重点工作任务》，指出探索建立医保、医疗、医药统一高效的政策协同、信息联通、监管联动机制。可见，在发展过程中任何制度都要不断完善、深化改革才能适应时代需要。

四、"赤脚医生"现象的现实启示

"赤脚医生"制度在实践中大获成功，在解决农村地区医疗资源短缺、普及预防知识和健康观念、促进农村医药卫生事业发展等方面取得了显著成绩，分析其成功的原因对于当今医疗卫生事业的建设和发展仍具有启迪意义。

（一）亲情网络下的医疗服务

影响医患关系和患者就医体验的因素有很多，其中，人际关系的亲近对于医患关系有着积极作用。对于村民来说，进入区级卫生院或县医院等上级医疗机构，面对身穿制服，不用方言而用普通话交流的医生时会感到局促不安，产生紧张、焦虑、自卑等负面情绪，这样的现象被称为"白大褂综合征"。但村民在面对村里土生土长的"赤脚医生"时就不会存在这样的问题，"赤脚医生"作为其所在村庄的一员，了解自己服务对象的各种日常问题。他们的病人就是邻居、劳动伙伴和亲戚，因此能够很好地服务村民。国家层面也充分利用亲情网络，鼓励接受培训后的"赤脚医生"回到本村工作以及发展村民成为"赤脚医生"。

"白大褂综合征"在今天依然存在，研究表明：陌生的就医环境和对疾病认识不足会使患者感到恐惧和焦虑，患者希望在诊疗过程中得到医护人员的关心和问候。习近平总书记强调："现代化最重要的指标还是人民健康，这是人民幸福生活的基础。把这件事抓牢，人民至上、生命至上应该是全党全社会必须牢牢树立的一个理念。"2024 年，国家卫生健康委、教育部等还联合印发了《医学人文关怀提升行动方案（2024—2027 年）》。所以，医务工作者应坚持以人文本，加强人文关怀意识，这不仅关乎患者的就医体验，也与我国卫生健康事业现代化发展的成功息息相关。

（二）从利益争夺到服务为本

中国有句古话叫"同行是冤家"，这在旧中国的医生群体中体现得尤为明显。为争夺病人以保证收入、获得更高的声誉和社会认可度，医生可能会攻击其他同行的医疗水平，标榜自己而排挤他人，严峻对立的同行关系不利于医疗行业的健康发展。在"赤脚医生"制度下"赤脚医生"的收入得到了稳定的保障，他们的工资取决于所在生产大队的经济状况而非接诊病人的数量，即便一个村子有多名"赤脚医生"行医，每个"赤脚医生"的收入也不会受到太大影响。与此同时，在"医疗属地化"政策下，"赤脚医生"主要负责自己所在生产大队成员的诊疗工作，患者几乎都是本村村民，病人群体是相对稳定的。这样的制度安排有效规避了恶性竞争，使"赤脚医生"能够专注于治病救人的医疗工作，积极提升自身专业水平，通过精湛的医术和良好的服务态度赢得村民的信任。

如今的医务工作者除了临床上接诊患者，还有教学要求、科研任务、绩效考核等沉重的压力，当然这些是无可厚非的。但对于一些太过烦琐的形式化的工作，应当为医者适度"减负"，让他们将更多的时间和精力投入救治患者的临床诊疗工作当中来，强调将医疗服务的能力和质量放在第一位，用心用情服务好每一位患者。

（三）强化道德与意识形态塑造

"赤脚医生"制度以人民健康为中心，以增强人民体质为目的，以党的领导为根本保证，充分体现了医药卫生事业发展的社会主义性质，在这样的背景下，"赤脚医生"形成了鲜明的群体身份意识和医疗职业道德观。政府对模范医生的宣传和表彰也是一种政治教育，让"全心全意为人民服务"的观念深入人心，因此"赤脚医生"在意识形态上与党和人民保持高度一致、绝不脱离群众。

2021年3月6日，习近平总书记在看望参加全国政协十三届四次会议医药卫生界、教育界委员时强调："广大医务工作者要恪守医德医风医道，修医德、行仁术，怀救苦之心、做苍生大医，努力为人民群众提供更加优质高效的健康服务。"对于培养医生而言，精湛的医术固然重要，拥有高尚的医德更是不可或缺，新时代仍需要加强医务工作者的思想道德建设和医学人文教育，着力提升他们的政治素养、科学素养、生命素养、卫生健康素养等，培养出更多具有高度社会责任感和无私奉献精神的良医、大医。

［作者赵建靓系北京大学医学人文学院助教；张懿系北京大学医学人文学院、北京大学马克思主义学院医学部教研中心讲师。本文系2024年国家社会科学基金高校思想政治理论课研究专项一般项目"面向高校医学生的特色思政课内容体系建构与实践路径研究"（项目编号24VSZ035）的阶段性成果］

农村万象

县城青年婚恋消费的甜蜜与重负
——来自江西一县城的返乡观察

⊙ 吴意

　　随着县城经济发展和社会结构的变迁，青年人的生活方式和消费观念发生了显著变化，婚恋消费作为人生重要消费领域之一，也呈现出明显的升级趋势。特别是在江西的县城，彩礼起步价已达 18.8 万元，这一现象不仅映射出婚恋市场的变化，也揭示了婚恋消费背后的社会经济逻辑。婚恋消费的升级不仅体现在物质层面，还包括对婚恋品质和精神追求的提升。此外，婚恋消费的攀升也对县城青年的婚恋观念、家庭关系及社会结构产生深远影响。

一、县城青年婚恋消费升级的现状

　　县城青年的婚恋消费升级，既是一种社会发展的体现，也反映了现代婚恋观念的变化。在消费升级的过程中，不仅婚礼形式日趋多样，彩礼和嫁妆的金额持续上升，恋爱期间的消费也不断增长。此外，精神层面的婚恋追求同样得到强化，青年更注重情感交流和婚姻质量。

（一）物质消费层面

1. 婚礼形式与费用

　　县城青年的婚礼形式日趋多样，从传统的农村婚礼到现代的酒店婚礼，甚至出现了主题婚礼、海外婚礼等高端定制形式。婚礼费用也显著增加，包括婚庆公司服务、婚礼场地租赁、婚宴费用等。这种多样化的婚礼形式不仅满足了青年群体对浪漫和个性的追求，也反映了社会文化的多元融合。与此同时，婚礼费用也呈现出显著增长的趋势。调查显示，县城青年婚礼的平均费用已从十年前的 5 万元左右攀升至如今的 15 万元以上，部分家庭的婚礼开支甚至超过 30 万元。

　　2. 彩礼与嫁妆

　　彩礼和嫁妆作为婚恋消费的重要组成部分，其金额在近年来持续攀升。在江西的部分县城，18.8 万元的彩礼已成为结婚的基本门槛，而一些经济条件较好的家庭，彩礼金额甚至可能达到 30 万元以上。传统观念中，彩礼和嫁妆不仅是婚姻的"筹码"，更是家庭经济实力的象征。

　　根据田舒彦的研究，彩礼的数额既有一定的刚性，又有相当的弹性。总体上呈现出对男方是刚性的，对女方是弹性的；对当地较底层的家庭是刚性的，对中产及以上家庭是弹性的；对介绍婚是刚性的，对自由恋爱婚是弹性的。这种现象背后反映了社会经济结构和文化观念的复杂性。

　　这种刚性体现在彩礼作为一种社会规范和"行情"的存在，给男方家庭带来了一定的经济压力。这种行情给男方家庭造成"随大流"的压力，迫使男方家庭进行高强度的经济积累，以获得进入适婚男女匹配圈的资格。然而，彩礼的弹性则体现在其具体数额的可协商性。对于中产及以上家庭，彩礼更多是一种形式化的存在，其数额可以根据家庭经济条件和双方意愿进行调整。

（二）精神消费层面

　　随着物质消费的不断升级，县城青年在婚恋的精神追求上也日益强化。现代婚恋观念的转变促使青年更加注重情感交流和婚姻质量。例如，越来越多的青年倾向于通过自由恋爱选择伴侣，而非传统的介绍婚。自由恋爱不仅增加了恋爱期间的情感投入，也让婚前消费更具个性化和情感化。此外，彩礼和嫁妆的性质也在悄然发生变化。在一些家庭中，彩礼不再仅仅是经济补偿，而是成为一种情感表达和家庭支持的方式。例如，女方父母会将彩礼作为嫁妆全部交给女儿，或者以回礼的形式返还给子女的小家庭，这种做法体现了家庭对子女婚姻的祝福与支持。

二、县城青年婚恋消费升级的原因分析

　　县城青年婚恋消费的升级并非偶然现象，而是多重社会经济因素共同作用的结果。从经济实力的增强到社会观念的变迁，再到家庭和社会的多重期待，这些因素共同塑造了当代县城青年的婚恋消费模式。

（一）经济发展与收入水平提高

近年来，县域经济蓬勃发展，产业结构优化升级，带动了居民收入的持续增长。数据显示，县城居民人均可支配收入在过去十年间增长了近两倍，为婚恋消费升级奠定了坚实的经济基础。相比过去，如今的县城青年在婚恋消费上拥有更大的经济自由度，他们更愿意投入资金来提升婚恋体验。此外，随着县域消费市场的日益成熟，婚庆产业链逐步完善，从婚宴、婚纱摄影到婚房装修、蜜月旅行，提供了更丰富的消费选择，进一步助推了婚恋消费升级。

（二）社会观念的转变

随着教育水平的提高以及互联网的广泛普及，现代婚恋观念逐渐渗透到县城青年群体中。他们不再仅仅满足于传统的物质婚姻，而是更加注重情感契合、精神共鸣以及婚姻质量。这种观念的转变，使得青年在择偶和婚恋消费上更加个性化，愿意为情感经营和婚姻品质投入更多资金，如高端婚礼、浪漫旅行、情感课程等，推动婚恋消费从物质层面向精神层面升级。城市消费文化的渗透也对县城青年的婚恋消费产生了重要影响。通过互联网、社交媒体等渠道，县城青年接触到更多城市化的婚恋消费模式，从而在婚恋消费上追求更高品质的生活方式。

（三）家庭与社会压力

在县城，婚姻不仅仅是两个人的事情，更是两个家庭的联结。因此，父母在婚恋消费决策中仍扮演着重要角色。许多家长对子女的婚礼有着较高期待，认为体面的婚礼不仅是家庭尊严的象征，也是社交场合中的重要展示。彩礼和嫁妆在某种程度上成为家庭经济实力的象征，很多父母愿意倾尽积蓄甚至借贷，以满足社会对婚礼排场的"标准"，这种观念无形中推高了县城青年的婚恋消费。例如，就在这个月，一位亲戚结婚，女方家庭出资 20 万元，要求男方家庭出资 10 万元，共同购买一辆价值 30 万元的汽车作为嫁妆。这种现象不仅反映了家长对婚礼排场的追求，也揭示了婚恋消费中面子观念的强大影响力。

三、应对县城青年婚恋消费困境的建议

面对县城青年婚恋消费中出现的各种问题，尤其是因观念、经济和市场环境等因素导致的困境，有必要多措并举，优化县城青年的婚恋环境，推动其婚恋观

念与消费行为的理性化与可持续性发展。

（一）加强婚恋教育

婚恋教育是引导县城青年树立正确婚恋观和消费观的重要途径。建议通过学校、社区、社会组织等多渠道，开展系统化的婚恋教育活动。教育内容应涵盖情感沟通、婚姻责任、经济管理、家庭规划等多个方面，帮助青年在婚恋中做出理性决策，避免盲目跟风和过度消费。

（二）完善社会保障体系

政府应进一步完善社会保障体系，减轻家庭在婚恋消费中的经济负担。例如，加强住房保障政策的落实，为新婚夫妇提供更多的购房优惠和租赁选择。此外，还可以通过税收优惠、小额贷款等方式，鼓励青年自主创业，提高经济独立性，从而更好地应对婚恋中的经济挑战。通过这些措施，为青年婚恋创造更加宽松的经济环境，减少因经济压力导致的婚恋问题。

（三）促进消费市场健康发展

加强对婚恋消费市场的监管，规范婚庆、婚介等服务行业，是保障青年婚恋权益的重要手段。建议相关部门加大对婚恋消费市场的执法力度，严厉打击不合理的消费诱导和欺诈行为，维护市场秩序。同时，鼓励企业创新服务模式，提供高品质、多样化的婚恋服务。例如，婚庆公司可以推出更多个性化、经济实惠的婚礼套餐；婚介机构可以加强服务质量，提供更加精准的婚恋匹配服务。此外，还可以通过行业协会制定行业标准，规范服务流程，提升婚恋消费市场的整体水平。通过这些措施，为青年营造一个健康、透明、可持续的婚恋消费环境。

（作者系湖南师范大学中国乡村振兴研究院硕士研究生）

假工程泛滥：农村污水治理告急

⊙ 程洪

长期以来，美丽乡村构建与农村人居环境整治提升等重大政策举措中，农村生活污水治理始终占据核心位置，被视为亟须攻克的关键领域，同时也是广大农民群众热切期盼得到改善的民生福祉之一。但是，近期央视《财经调查》栏目收到群众反馈，揭露了青岛部分农村地区的生活污水处理项目存在严重问题，这些项目未能发挥效用，质量低劣，是"豆腐渣"工程、"半拉子"工程。尽管当地已投入大量资源用于示范项目与资金扶持，却未能有效解决群众面临的排污难题，众多项目长期停滞不前，最终沦为无人问津的空壳。

农村污水治理假工程的曝光，有着民生工程"面子"却没有实实在在造福人民的"里子"，它们非但没有为农村群众带来实质性的环境优化，反而可能加剧环境污染，埋下危害居民健康的隐患。尤为严重的是，这些项目耗费了巨额的资金与人力资源，却仅停留在表面形式的治理上，形成了名不副实的"假工程"，这不仅是对政府环保政策的严重歪曲，更是对农村民众热切期盼的冷漠背弃。

一、农村污水治理假工程的具体表现

农村污水治理在当前阶段正面临着错综复杂且亟待解决的一系列重要问题，这些问题不仅关乎农村生态环境的保护与改善，也直接影响到农村居民的生活质量与健康安全。主要体现在以下几个方面：

（一）设计与建设缺陷

一方面是污水管网与处理设施设计不合理。部分污水治理项目在设计阶段就存在缺陷，如污水管网布局不科学、处理设施规模不匹配等，导致污水收集效率低下，处理效果不理想。另一方面是建设质量不达标。一些工程在施工过程中偷工减料，使用劣质材料，导致建成的污水管网和处理设施质量低劣，无法正常运行。例如，本应设置铸铁井盖的地方却使用了易碎的塑料井盖，道路硬化工程中的水泥路面厚度远未达到设计要求，强、弱电线缆直接砌进污水井或者雨水管道里。

（二）设施运行与维护缺失

一是设施闲置或无法正常运行。已建成的污水治理设施往往因为设计缺陷、施工质量问题或管理不善等原因，无法正常运行或长期处于闲置状态。这导致污水无法得到有效处理，直接排入环境，造成污染。比如，污水井等污水处理设施只是摆设，化粪池与排污管道根本没有连通。二是缺乏运行与维护机制。部分项目缺乏完善的运行与维护机制，导致设施在投入使用后很快出现故障或损坏，且无法及时修复。这不仅影响了治理效果，还浪费了宝贵的资源和资金。

（三）管理与监督不到位

一是项目管理混乱。一些农村污水治理项目在管理上存在混乱现象，如资金使用不透明、工程进度监管不严等。这导致项目在实施过程中容易出现问题，且难以及时发现和解决。二是监督力度不够。政府和相关部门在项目实施过程中的监督力度不足，导致一些违规行为得不到有效遏制。例如，一些施工单位为了降低成本而使用劣质材料或偷工减料，厕改补贴被伪造签字冒领，但这些问题往往没有得到及时的纠正和处罚。

二、农村污水治理的影响

农村污水，涵盖厕所排水、厨房排水及生活排水等，具有高渗透性和水量波动大的特点，其危害深远。

（一）严重影响了当地村民生活

首先，导致环境污染，对村容村貌产生影响。污水未经处理直接排放，导致水体富营养化，催生黑臭水体，严重损害水生态环境。污水中的有害物质借助地表径流，渗透至土壤、地下水、地表水以及空气中，对生态环境构成长期危害，影响生物多样性，导致生态失衡，还可能导致土壤板结、盐渍化，抑制作物生长，削弱土壤肥力。其次，影响居民健康。污水中富含的病原微生物如粪大肠菌群、病毒及寄生虫卵等，严重威胁人体健康，这些有害物质一旦进入食物链，可能诱发多种疾病。部分农村自来水普及率有限，许多居民依赖自然水体作为饮用水源，农村居民饮水安全存在重大隐患。最后，限制农村发展，尤其是阻碍了旅游业等绿色产业的兴起，削弱了农村经济的多元化潜力与整体吸引力。

（二）损害了政府的公信力

政府为改善农村基础设施，提升民众生活质量，不惜斥巨资投入，本是民心所向、众望所归之举。然而，当这些资金未能转化为实实在在、惠及民生的工程成果，反而以"假工程"的形式展现在世人面前时，无疑在村民心中投下了沉重的阴影。村民的期待与现实的落差，极易滋生对政府承诺与行动真实性的质疑，这类项目也成为了工作作风不实的典型例证，助长了形式主义、官僚主义的蔓延，严重损害了政府公信力和民众利益。长此以往，不仅影响了政府政策的顺利推行，也阻碍了政府与民众之间的和谐互动，不利于社会的稳定与发展。

（三）反映出当地地方治理水平的低下

假工程的发生，绝非偶然，而是项目规划缺乏科学论证、实施过程监管不严、验收环节流于形式等一系列问题的集中体现。它暴露了地方在治理过程中存在的严重漏洞和短板，从项目的前期调研、中期执行到后期评估，每一环节都可能成为"假工程"滋生的温床。这种弄虚作假的行为，不仅浪费了宝贵的公共资源，损害了公共利益，更严重影响了地方治理的效能和形象，使得原本旨在促进农村发展的好政策、好项目，最终沦为民众诟病的对象。

随着农村经济的快速发展和农民生活水平的提高，农村污水带来的问题日益凸显，成为制约农村生态环境改善和可持续发展的关键因素。农村污水治理的紧急性不言而喻。只有加快农村污水治理步伐，打破农村污水治理"面子工程""豆腐渣工程"，才能有效改善农村生态环境质量，保障农村居民的身体健康和饮水安全，推动农村经济的可持续发展。

三、农村污水治理假工程的原因

一方面，监管不严。相关部门在履行职责时出现了严重的疏忽与懈怠，对工程质量把控不严，未能及时发现并纠正施工中的违规行为。这种监管的缺失，给了施工单位可乘之机，他们为了降低成本、追求利润最大化，不惜采取偷工减料、以次充好等恶劣手段，导致工程质量大打折扣，最终沦为"假工程"。这不仅是对国家资源的极大浪费，更是对人民群众利益的严重侵害。

另一方面，监督渠道不畅通。村民作为农村基础设施的直接受益者，他们往往是最先发现问题、感受最深的群体。然而，当他们多次尝试通过正规渠道反映问题时，却往往遭遇"石沉大海"的困境。这背后，反映出的是监督反馈机制的严重缺陷——信息无法及时、准确地上传下达，导致问题被层层积压，无法得到及时有效的解决。

此外，形式主义盛行为"假工程"的滋生提供了土壤。部分干部在工作中偏离了实事求是的原则，陷入了形式主义的泥潭。他们片面追求表面政绩，热衷于搞形象工程、面子工程，对项目的实际效果和长远影响漠不关心。在这种扭曲的政绩观驱使下，一些干部甚至不惜牺牲工程质量、牺牲群众利益来换取个人的政治资本。因此，要根除"假工程"现象，就必须从加强监管、畅通监督渠道、破除形式主义等多方面入手，构建起一个科学、高效、透明的农村基础设施建设管理体系。

四、农村污水治理的措施

农村生活污水治理，既是守护农村绿水青山的关键一环，也是保障农民生活质量、提升居住舒适度的民生基石。因此，对于农村生活污水治理假工程，必须采取坚决有力的措施，动真碰硬，彻底整治，确保每一分投入都能转化为实实在在的环境改善和民生福祉。

第一，强化干部管理，树立实干导向。建立能上能下的干部任用机制，加强干部队伍的作风建设，严厉打击形式主义、官僚主义行为，重用实干担当者。加强思想教育，引导干部树立正确政绩观，专注于解决实际问题、促进地方发展。

第二，严格工程监管，构建长效体系。政府需加大监管力度，从项目全链条实施严格审查，建立健全长效监督机制。上级部门强化抽检与评估，对质量问题零容忍，严惩违规行为，确保工程质量。从根本上扭转观念，强化项目监管与评估机制，确保每一分投入都能精准对接群众需求，每一项工程都能经得起时间与实践的检验。

第三，拓宽监督渠道，凝聚社会合力。群众是工程质量最直接的感受者，应充分发挥其监督作用。通过多渠道收集民意，及时响应群众诉求，公开透明处理反馈，营造全社会共同参与监督的良好氛围。根据民众合理建议制定切实可行的解决方案，包括合理规划污水管网和处理设施、加强设施运行维护管理、提升农村环保意识等方面。

习近平主席在 2024 年新年贺词中指出："我们的目标很宏伟，也很朴素，归根到底就是让老百姓过上更好的日子。"民生工程容不得弄虚作假，通过政府、企业和村民的共同努力，让农村污水治理真正成为惠及民生的实事工程，让绿水青山与美好生活相得益彰，建设一个更加清洁、健康的乡村环境，建设美丽新农村，从而为实现乡村振兴的美好愿景贡献力量。

（作者系湖南师范大学中国乡村振兴研究院硕士研究生）

伸向农村留守老人的诈骗黑手

⊙ 王鹏瑞

春节临近，只见一辆浅蓝色四轮车载着满满一车"年货"缓缓驶上山坡进入大山深处，不一会村口就聚集了很多老年人，大家笑容满面，开心地采购着"年货"，而这些所谓的"年货"竟是一些粗制滥造的商品，其中一副对联竟然卖价高达30元，还有各种山寨食品更是按照正规食品的价格来卖，而竞相购买的老年人却乐在其中，这些老年人长期留守农村，大多腿脚不便，他们无法去镇上或县城购买商品，这些流动商贩就成了他们的"救命稻草"，他们用高价卖着最便宜的东西，专门坑害留守老人。公安部2024年数据显示，全国农村地区老年人受骗案件达10万余起，同比激增45%，受骗金额超40亿元。无独有偶，在湖北某乡村，诈骗分子以"光伏扶贫"名义骗取327名老人参与投资，涉案金额高达2100万元，有老人甚至抵押了棺材钱。

这些案件折射出令人心惊的现实图景，随着城镇化进程的加速和数字化的发展，全国2.8亿流动人口的背后，1800万农村留守老人正成为诈骗分子的诈骗对象。诈骗手段从传统的"神医治病"升级为精准化、组织化的"政策扶贫""数字陷阱"，形成了针对农村老人的"定制化"犯罪产业链。国家反诈中心监测发现，针对农村老人的诈骗话术库已经细分出43个场景模块，包括养老政策、医疗补贴、家电下乡、数字人民币推广等新兴领域。

一、农村老人受骗的现实表现

1. 政策福利类诈骗

不法分子利用老年人对国家政策的信任，打着"家电下乡""国家补贴""乡村振兴"的幌子，并伪造公章、红头文件等增强可信度，他们通常会选择政策信息闭塞的偏远村落作案。2021 年在山西某村落，某诈骗团伙打着"扶贫"的名义售卖劣质净水器，他们精心编写了一套话语，比如"我们是国家扶贫人员""扶贫名额有限，过期不候"。利用这种饥饿营销吸引人民上当受骗。

2. 亲情绑架类诈骗

有些不法分子利用网络信息资源精准掌握老人的家庭信息，比如子女职业、姓名和称呼习惯，他们以打电话或者上门等方式利用独居老人的情感脆弱性实施心理操控。山西某山区独居老人刘某接到"儿子"电话，称因交通事故需赔偿 5 万元。诈骗分子通过 AI 语音合成模仿其子声线，辅以背景警笛声，老人当即汇款，事后发现儿子正在工地正常务工。

3. 数字技术类诈骗

犯罪分子通常会利用老人对智能设备的功能盲区，将技术优势转化为犯罪工具，他们通常会诱导老年人下载伪装成政府、银行等权威机构的 App 或者诱导老年人扫描二维码以此来盗取老人手机中的资金。

近年来，犯罪分子对老年人实施诈骗的手段有了一些新的演化趋势，一是传统型诈骗的数字化升级，比如利用某网络直播平台、短视频平台实施诈骗；二是精准化定制诈骗的兴起，一些不法分子伪造"数字人民币推广员"身份，以"存钱增值"为名骗取老人进行钱包激活操作，实则转移资金；三是跨区域链条化作案，即形成"话术设计—技术支撑—资金转移"全链条。各种五花八门的诈骗手段让老年人防不胜防，而老年人频频被骗的背后引人深思。

二、农村老人受骗的深层原因

1. 老年人认知衰退

随着年龄的增长，人的各项身体机能逐年下降，农村老年人大多已进古稀，认知能力已经减弱，加之农村老人普遍受教育程度不高，因此对外界信息的加工处理能力较弱，降低了他们的分析判断能力，容易被犯罪分子的花言巧语、歪门邪说所蛊惑，特别是老年人在面对一些犯罪分子打着"健康""长寿""国家补贴"的幌子时更容易上当受骗。

2. 农村老年人对外界信息摄入过少

一些山村地处偏远，交通不便，很少有外来人进入，又由于一些老年人自身腿脚不便，只能一辈子待在村里，他们的社会活动范围有限，缺乏人际交往和沟通渠道，很难与快速变化的社会保持同步，在面对一些虚假广告、虚假政策时老年人就容易信以为真，也容易对一些所谓"新奇"的事物感兴趣。而犯罪分子正是利用了老年人对外界信息摄入较少而对新兴事物的认知欠缺进行诈骗。

3. 农村老年人长期独居，情感需求得不到满足

在农村生活的老年人大都独居，子女常年不回家，老年人得不到子女的关怀，通常会感到孤独寂寞，他们渴望得到他人以及社会的认可与关爱，一些犯罪分子就利用了老年人对感情的渴望，假借关心、关怀的名义与老人拉近关系，诱导其投资养老项目或者购买"包治百病"的保健品、电磁鞋垫等，老年人在长期缺乏关爱的情况下会对不法分子的虚情假意而放松警惕，陷入诈骗陷阱。

4. 对边远乡村的公共服务提供不足

尽管我国的公共服务供给机制得到了很大的发展，但在一些地方特别是偏远乡村，公共服务的提供仍有不足，一是信息提供和教育培训服务不足，一些乡村地处偏远，经常就成为被忽视的地方，这些老年人作为一个脆弱群体，特别需要有针对性的反诈教育来增强其防范意识。二是心理辅导服务不足，一些老年人长期独居，得不到关心难免会有抑郁等心理疾病，需要有关工作人员经常与他们谈心，给予他们社会的关爱。三是针对农村地区的公共服务过于泛化，流于形式，难以发挥实际的作用。

5. 诈骗手段五花八门

近年来 AI 的发展为诈骗分子提供了可趁之机，他们利用 AI 变声、AI 变脸等工具博取老年人的信任，而老年人在面对这些诈骗手段时，很难识破骗局。而一

些人会利用政府政策，声称"国家补贴""政府合作"。这些手段迷惑性相当高，就连一些年轻人都很难逃过这样的骗局。

三、预防农村老年人受骗的措施

1. 提高老年人认知能力

一是开展适老化认知训练，在乡镇设立"老年认知健康中心"，定期举办记忆训练、逻辑思维课程，通过简单游戏和互动活动延缓认知退化。开发方言版防骗教育动画，以"情景重现"方式模拟常见骗局，帮助老人直观识别诈骗套路。

二是嵌入乡村教育体系，将防诈知识纳入农村老年大学必修课程，每季度邀请民警、律师开展案例讲座。为低文化老人设计"图文手册"，用漫画形式解析"国家政策不会收费""子女出事必先核实"等核心原则。

2. 破解信息孤岛困境

可以构建三级信息传播网络，完善信息传播渠道。此外，加强技术赋能，比如为山区家庭安装卫星数字电视，强制插入反诈公益广告，开发"一键防骗"功能机，预设子女、村委会、派出所快捷呼叫键，屏蔽所有陌生号码。

3. 填补老年人情感真空与社交缺失

一是创新互助养老模式，设立村级驿站，配备专业心理咨询师，成立"老年人活动中心"，积极组织各种娱乐活动，比如秧歌、麻将等，让老年人"忙起来"。二是由村委牵头建立亲情沟通平台，每月联系老人子女与老人进行视频聊天或电话谈心。

4. 建立乡村老人专项公共服务供给体系

比如精准化的反诈服务体系，在乡村设立"反诈驿站"，整合公安、民政、医疗资源，提供"定期走访""骗局鉴定""心理疏导""紧急止付"一站式服务。为每个行政村配备"AI反诈专员"，实时解答老人疑问，发现异常对话自动报警。此外，建立心理干预长效机制，培训村医兼任"心理观察员"，每月对独居老人进行抑郁量表筛查。建立"银发志愿者"队伍，城市退休教师、心理咨询师定期下乡开展团体辅导。

5. 技术反制与制度升级

一是构建智能防护网，在乡镇农商行部署"涉老转账 AI 拦截系统"：当老人转账对象涉及高风险账户时，自动触发子女确认机制。二是完善法律威慑体系，设立"涉老诈骗"专项罪名，提高量刑标准，建立"诈骗黑名单"全国联网系统，禁止刑满释放人员进入保健品销售、投资咨询等敏感行业。此外要加强人工智能领域道德建设，对 AI 变声、AI 变脸等进行规范，建立相关制度体系。

乡村要振兴，农村诈骗要严防，破解留守老人受骗困局，需要技术赋能而不失人文温度，需要制度创新而不忘乡土根脉，需要社会动员而不弃个体尊严。唯有让每位老人都能在乡村振兴中获得切实的安全感与尊严感，方能守住中国乡村文明的伦理底线，筑牢社会公平正义的根基。

（作者系湖南师范大学中国乡村振兴研究院硕士研究生）

前沿观察

广西桂中地区美食特色与开发策略

⊙ 梁桂

广西桂中地区是一个比较模糊的地域概念。从古到今，广西柳州市都被誉为"桂中商埠"。因此，广西桂中地区一般泛指柳州市以及周边的市县。从行政区划来看，广西桂中地区主要包括当前柳州市区以及下辖的柳城县、鹿寨县、融水苗族自治县、融安县、三江侗族自治县，以及来宾市区以及下辖的忻城县、金秀瑶族自治县、武宣县、合山市。桂中地区长期居住着汉族、壮族、苗族、侗族、瑶族等民族，不同民族拥有独特的饮食文化。在漫长的历史长河中，不同民族的饮食文化相互影响、相互促进、相互融合，不断涌现出具有地方特色、得到各民族普遍认同的美食。这里所说的美食，不包括扣肉、红烧肉、炒鸡鸭、白切鸡等大众化、普遍性的美食，主要指具有地域特色与民族特色的美食。

一、广西桂中地区美食特色概述

要全面概括某个地域美食特色或特点并不是一件容易的事情，特别是多民族共同生活的地域。本文尝试从食材、制作手法、色彩、口味、差异性、文化内涵等方面对广西桂中地区美食特色进行粗浅概述，抛砖引玉，仅供参考。广西桂中地区美食种类繁多，例如：柳州螺蛳粉、来宾竹筒鸡、武宣红糟酸、瑶家鲊肉、忻城猪血肠、忻城豆腐圆、五色糯米饭、瑶族烟熏腊肉、金秀爆炒蜂蛹、柳州露水汤圆、金秀野菜糯米糍、融水荤酸、金秀芭蕉花、金秀苦斋瘦肉汤、瑶家竹筒饭、三江油茶、牛瘪汤、酸汤鱼、蝌蚪煎蛋、象州芋蒙酸肥肠、田螺鸭脚煲、融安烧炙、苗家烤鱼、融安水糕、融安油糕、融安滤粉、鹿寨中渡肚肺汤、铜瓢粑、云片糕、酸笋鱼、螺蛳鸡、酸甜肉圆、毫细松等。有的具有鲜明的民族特色，比如牛瘪汤、融水荤酸、瑶家鲊肉等；有的难以区分起源于哪个民族，比如柳州螺蛳粉、田螺鸭脚煲、象州芋蒙酸肥肠、酸甜肉圆等；有的属于外来品种，但已融入当地民族特色，比如来宾竹筒鸡、融安滤粉等。总而言之，广西桂中美食异彩纷呈，各具特色，令人惊艳。

（一）食材丰富多彩

在漫长的岁月中，各民族都充分发挥自身的聪明才智，根据自己生活的地理环境就地取材，结合自己的宗教信仰、风俗习惯、经济条件等因素，创造出能给自己生活增添色彩与快乐的美食。除了利用常规的猪、鸡、鸭、牛、羊、鱼、大米等大众化食材制作美食之外，还利用螺蛳、蜂蛹、竹笋、茶叶、野菜、芭蕉花、芋蒙、茶叶等特色鲜明的食材制作美食。食材种类繁多，都是当地比较容易获得的物产。广西桂中地区以山区为主，大部分人口居住在山区，受地理环境制约，很多独特的食材都来自于山上采集或种养植。

例如螺蛳，广泛分布在桂中地区的河流、水塘与沟渠当中，繁殖能力强，生长速度快，容易捕捞，又具有独特的口感和丰富的营养，在物资与食物匮乏的历史长河中，这种很容易获得的食材自然就会成为当地人的美味。考古发现表明，早在旧石器时代晚期，柳州人就已经开始食用螺蛳，到了新石器时代早期，柳州人已经学会了用陶器煮螺蛳食用。柳州市网红美食螺蛳粉少不了螺蛳，螺蛳汤特有的鲜味是螺蛳粉的灵魂。

又如蜂蛹，一般为胡蜂、黄蜂、黑蜂、土蜂等野蜂的幼虫和蛹，主要分布在荒山野岭当中。居住在山区的各族群众，生活条件艰苦，生存环境恶劣。蜂蛹属于高蛋白营养物质，而且比较容易获得，自然而然就会进入各民族先民们的菜谱。自然界中的蜂蛹很有限，当前人们餐桌上的蜂蛹多数是人工养殖的。

还有芋蒙、芭蕉花等乍看起来不大适合作为食材的东西，也被各民族先民们充分发挥聪明才智，把它们制作成美味，成为改善生活的独特味道。芋蒙是俗称，是指食用芋头的苗，具有一定毒性，不可鲜食，需要晒干后腌酸才可以作为食材。割下芭蕉果实串尾部不再发育成果实的蕉蕾（外形很像反坦克火箭筒的炮弹），剥开紫色的外壳就看到用来食用的芭蕉花，有点像黄花菜。芭蕉花涩味很重，一般用来煲肉汤。

最令人瞠目咋舌的食材应该是蝌蚪与牛胃内容物了，对于圈外人而言是相当炸裂的。但每一种食材的选用，都不是偶然的，肯定是当地民众长期生产生活实践的结果，蕴含着许多早已淹没在历史长河中、不为现代人所知的故事，也饱含着他们的爱恨情仇与喜怒哀乐。

（二）制作手法独特

很多美食具有独特的制作手法，很多制作手法具有鲜明的历史烙印。比如腌制酸肉，这是瑶族、苗族、侗族等先民在与艰苦的生存环境搏斗中创造出来的，用来长时间保存肉类食材的方法。瑶族鲊肉从口味来讲，属于酸肉的一种。瑶族鲊肉制作大体可分为腌肉和做鲊两部分。将猪肉切成方块，加入大量食盐腌制一晚，让其入味。用柴火、铁锅炒米，直至焦黑，再用石磨磨成粉，就是鲊粉。用鲊粉搅拌包裹肉块，装入罐层层压实，密封半年后即可开封食用。苗族的酸肉制作过程就简单多了，只要将肥猪肉刮洗干净，晾干水切成大块，用精盐与香料腌5小时左右，再加玉米粉、精盐拌匀，装入密封的坛内，腌15天即成酸肉。

牛瘪汤主要流行于苗族、侗族等民族聚居区。牛瘪汤的制作在现代人看来可以用网络词语"炸裂"来形容，地地道道的黑暗料理。当地人将牛宰杀后，把牛胃及小肠里未完全消化的内容物取出来，挤出其中的液体，加入牛胆汁及花椒、生姜、陈皮、香草等佐料，放入锅内文火慢熬，煮沸后将液体表面的泡沫、杂质等用丝瓜篓捞掉，得到的粘稠液体就是牛瘪，又称为百草汤。然后用牛肉、牛内脏、牛瘪汤与各种香料一起烹饪，吃起来感觉到淡淡的青草香，微苦。三江侗族自治县的蝌蚪煎蛋，就是用活蹦乱跳的蝌蚪做出来的。蝌蚪煎蛋出锅后，与普通的煎蛋没有什么区别，只是在金黄色上多了一些黑点，看不出蝌蚪的形状，吃起来略带一丝苦味。

作为融安滤粉最具特色的配菜——烧炙，用猪网油包裹碎猪肉、碎猪肝、葱白、冬笋等制成的肉馅，经油爆和炭火炙烤而成。猪血肠的制作就是将生猪血（不能加水）、花生碎、猪油渣、糯米饭放在一起搅拌均匀，加入调料，用漏斗把搅拌好的食材灌入猪小肠，用绳子扎成一段一段，用锅蒸熟即可食用。食用油与茶水混在一起，对于没有喝油茶传统的人来讲，这是不可思议的。但是对于苗族、侗族、瑶族等民族而言，就做成了特色美食油茶。还有螺蛳鸡、田螺鸭脚煲、芋蒙酸肥肠等美食，食材搭配出人意料，与众不同，让外地人惊叹不已。

（三）追求鲜明色彩

大多数美食都有鲜明的色彩。最具代表性的是五色糯米饭，用多种天然植物染料将一盆饭染成扇形的五种颜色，丰富的色彩给人带来美好的心理暗示与联想。多数情况下五色是指：红、黄、白、蓝、黑，但实际做的时候视获得的染料情况而定。用来获取某些颜色的植物也是不固定的，比如黄色，有人用姜黄，有人用黄栀子，有人用黄蔓花，等等。螺蛳粉的颜色就非常丰富了，红色的辣椒油，绿色的空心菜，金黄色的豆腐制品，酱黄色的虎皮猪脚与油炸花生米，黑色的木耳，暗绿色的酸豆角，乳白色的酸竹笋，等等，让人食欲大增，垂涎欲滴。田螺鸭脚煲突出田螺的本色与鸭脚的金黄色，还有绿色的香菜等。酸汤鱼的汤色以西红柿与辣椒的红颜色为主，给人热辣辣的感觉，再配上少许绿色的时令蔬菜，鲜香酸爽的味道摄人心魄。三江粽子的糯米拌有某种配料，蒸熟后糯米呈棕黄色，粽子肉馅有一层黄色的绿豆包裹，层次分明。猪血肠颜色暗红瘀黑，又有点发紫，色彩凝重深沉，切成片后，又出现星星点点的饭粒乳白，具有黑暗料理的特质。融安滤粉出锅时看起来清汤寡水，但淋上酱色的卤水，加上肉沫、芹菜或豆角碎、头菜碎，还有绿色的香菜等调料，还可以配上烧炙，这样色彩就饱满鲜亮了。

（四）追求口味多样

每个民族都是勤劳而聪明的，他们根据自己生活的地理环境、物产特点、宗教信仰和风俗习惯等因素，经过历史的沉淀，形成形式多样、口味多样的饮食文化。广西桂中地区在饮食习惯上，比较接近云贵川，偏向于辣、香、酸等口味。对辣椒的加工，一般都是用干辣椒粉做成辣椒油或者用油爆炒干辣椒，从而获得香辣的效果。这与广西东南部偏向清淡口味的饮食习惯有明显区别。广西桂中地区鱼肉类美食离不开辣椒，而且是爆炒辣椒，煲汤有时也会放干辣椒。螺蛳粉、螺蛳鸡、田螺鸭脚煲、芋蒙酸肥肠等美食的口味首先是辣，吃不了辣的人是享受不了这些美食的。桂中地区属于亚热带气候，常年气温比较高，各种微生物容易滋生繁殖，新鲜的食材容易变质。先民们在适应艰苦的生存环境过程中，摸索出了通过腌酸的方式保存各种高蛋白食材的方法。瑶族的鲊肉可以做到保存十年还可以食用。苗族的酸鱼、酸肉也可以做到长期保存。这种延长肉类保质期的方法，对个体的营养均衡摄入、民族繁衍生息产生深远影响。各种植物类食材腌酸也很普遍，如青菜酸、竹笋酸、豆角酸、芋蒙酸、蕨菜酸、刀豆酸等。螺蛳粉、螺蛳鸡、田螺鸭脚煲、芋蒙酸肥肠、酸汤鱼等美食也都离不开这些酸味配菜。

当然,除了上述重口味的美食外,也有部分美食属于保持食材原汁原味的类型,比如豆腐圆、露水汤圆、融安滤粉、肚肺汤等,各种糍粑类美食,则以甜味为主。

(五)蕴含某种情意

很多美食的起源都有故事,每个故事都蕴含着某种情意,甚至某种信仰、观念或者美好的愿望。很多糍粑类的美食,往往与节日紧密相连,传统文化中到了某个节日才做某种糍粑,并不是天天都做糍粑。在古代糍粑往往用来做祭祀的贡品,所以做糍粑也很讲究仪式感,同时也是一种亲戚朋友的聚会活动。比如瑶族的糍粑,相传古代瑶族迁徙途中,要乘坐独木舟横跨一条十分凶险的大江,就祈求祖先保佑,许愿如能安全到达彼岸,一定用丰盛美味答谢。但是成功渡过大江后,他们只有一些干粮和糯米饭,只能将糯米饭烤热用木棒捣烂做成糍粑,感谢祖先的保佑。从此,逢年过节瑶族人就用糯米饭舂糍粑来祭祀祖先和食用。瑶族舂糍粑是一种仪式感很强的民俗活动,煮熟的糯米饭倒入石臼中,几个人用木杵轮流舂,团结协作,场面热烈。牛瘪汤,寄托着当地人一种美好愿望,当地人认为牛吃百草,百草中包含有治疗疾病的各种草药,由此推断牛瘪汤具有药用价值,喝牛瘪汤可以喝出健康。

二、广西桂中地区美食开发策略刍议

美食既是一种文化,也是一种经济资源。每个地方都会想方设法做大做强美食产业,但要做出品牌、做出爆款并不容易。广西桂中地区这么多美食,至今为止能够称得上爆款的只有柳州螺蛳粉。柳州螺蛳粉的成功经验,对其他品种美食开发具有很高的参考价值。下面主要以柳州螺蛳粉为典型案例,阐述美食开发的一些粗浅看法。

(一)打造爆款美食

爆款美食的作用是显而易见的,可以迅速拉动消费,带动地方经济发展。打造地方爆款美食是地方美食开发的最高境界,柳州螺蛳粉就是一个很好的标杆。作为广西桂中地区美食代表的柳州螺蛳粉,当前已经享誉全世界。不过到目前为止,柳州市还没有打造出另外一个可以与螺蛳粉相媲美的爆款美食。打造爆款美食不是一件容易的事。某种美食能否成为爆款,与美食本身的禀赋、地方发展规划、投资开发力度、经济发展形势等因素息息相关。有时候努力了未必就能实现,但不努力肯定不会实现。打造爆款美食尽管困难，但在特色美食开发过程中，必须要把打造爆款美食作为一个奋斗目标。做不到全国、全世界的爆款，起码也要做到当地小范围的爆款美食，这样才能充分发挥出地方美食的经济价值。

（二）与文旅相融合

文旅产业属于提升人们幸福感与获得感的一个产业，文旅产业发展与人们的生活质量密切相关。美食与文旅产业密不可分，甚至可以说美食是文旅产业的半壁江山。文旅产业的精神享受，要以吃住行为基础，并且吃是最基本的。柳州市尽管长期以来都坚持工业强市，但为了提高人们的生活质量与获得感，也把文旅产业当作发展的重点之一。柳州市的工业历史、柳宗元文化、民族风情、秀美山水等文旅项目吸引大量游客。柳州市与文旅产业相配套的美食街也琳琅满目，比如享有盛誉的五星步行街、青云市场、窑埠古镇、谷埠街、胜利烧烤城等，能够充分满足游客享受各种美食的需要，大大提升游客的美好体验。美食产业的发展，离不开文旅产业的带动，二者相辅相成，需要融合发展。

（三）产业链协同发展

任何一个产业都不是孤立的，美食产业也不例外。产业链协同发展是当代重要的经济发展理论之一。美食产业发展需要与之相配套的上下游企业、资金链、人才链等协同发展。柳州螺蛳粉爆红以后，各种原材料的需求大增。螺蛳粉用到的螺蛳，靠去野外水沟捕捞无法满足需求了，就发展人工养殖。本地人工养殖不够，还要辐射到周边地区开展人工养殖。螺蛳粉用到的酸笋，靠上山砍伐野外的竹笋远远不够，就发动农户用旱地人工种植竹笋。螺蛳粉要卖到全国甚至全世界，就要食品加工业做袋装螺蛳粉。产业发展需要资金、需要人才，这就需要融资、需要培养人才。为了培养螺蛳粉产业人才，柳州职业技术学院在柳州市商务局的扶持指导下专门成立了柳州螺蛳粉产业学院。

（四）打造集群式发展模式

集群式发展也是当代重要的经济发展理论之一。当前我国常见的集群式发展形式是地方政府出台相应的培育政策，促使具有"共享"与"共生"关系的企业聚集在一起，通过企业的紧密合作与交流，激发创新活力，助推产业升级。柳州市柳南区成功打造了螺蛳粉产业集群发展"柳南模式"，形成了原材料种植基地、螺蛳粉生产企业、干米粉食品生产企业、酸笋酸豆角生产企业、预包装螺蛳粉品牌企业、螺蛳粉特色小镇等集群，并且建成130亩螺蛳粉生产集聚区，引导各类企业入驻园区，实现了螺蛳粉特色产业高质量发展。据柳州市商务局数据，2024年前三季度柳州市螺蛳粉全产业链销售收入545.165亿元，同比增长12.08%；螺蛳粉出口额为6328.7万元，同比增加2.9%。柳州螺蛳粉集群式发展经验，值得全国各地美食产业借鉴。

（五）强化营销推广

任何产业发展都离不开营销推广，只有采取恰当的营销策略才有可能塑造起消费者信赖的品牌。品牌塑造是一个长期的过程，没有捷径可走，需要脚踏实地做好基础工作。柳州螺蛳粉的营销策略首先是品质为本，打造独特美食体验。选用新鲜、优质的食材，确保每一碗螺蛳粉都能呈现出最佳的风味，这才是螺蛳粉品牌营销的根本。没有高质量的产品作为基础，任何营销策略都会变得虚无缥缈，无法落地。有了高品质产品作为基础，各种营销策略与手段才会产生作用。柳州螺蛳粉在精准营销、媒体营销、体验营销、事件营销等方面做了大量卓有成效的工作。例如，2024年巴黎奥运会游泳比赛全部结束后，中国选手张雨霏和唐钱婷接受采访时表示想吃螺蛳粉，柳州市螺蛳粉相关职能部门及螺蛳粉生产企业立即作出积极回应，第二天就用柳州产的汽车装着1000袋柳州螺蛳粉从柳州出发，向北京国家体育总局训练局运送。柳州螺蛳粉的成功，离不开成功的营销推广策略。

三、小结

广西桂中地区属于多民族聚居地区，各种民族饮食文化相互融合，美食种类繁多，异彩纷呈，其中柳州螺蛳粉已经享誉全世界。美食既是一种文化，也是一种经济资源。但要把地方美食文化打造成具有经济效益的美食品牌并不容易，而柳州螺蛳粉做到了，并且竖起了一个标杆。柳州螺蛳粉的成功经验值得全国各地学习与借鉴。

（作者单位：广西农牧工程学校）

想说就说

乡村振兴战略下辣椒文化的旅游发展

⊙ 尹乾宇

辣椒文化旅游开发是一种将辣椒文化与旅游活动深度融合的新型旅游模式，以辣椒为主题，通过独特的文化体验和趣味性，吸引游客来体验和感受辣椒文化的独特魅力。乡村振兴战略的实施为辣椒文化旅游提供政策支持和广阔的发展机遇。许多地方政府将辣椒产业与旅游产业相结合，将其作为提升区域经济活力、推动农民增收和乡村发展的重要手段。

一、辣椒文化旅游开发的意义

发展辣椒产业。一是做响辣椒特色品牌。中国作为全球最大的辣椒生产和消费国，种植面积常年稳定在 1100 万亩以上，年产量高达 1600 万吨，稳居全球首位。通过辣椒文化旅游开发，可以助力辣椒良种工程建设，将国家地理标志农产品与地方特色辣椒打造为区域公用品牌，进一步提升品牌价值和影响力。二是做大产业发展规模。辣椒产业在国内外市场展现出巨大的消费潜力。据统计，全球辣椒消费市场持续扩大，全球辣民人数已达数十亿，国内食辣人口超过 5 亿，通过巩固老辣民基础、吸引新辣民群体，并整合资源、加强合作，推动产品不仅畅销国内，还拓展国际市场，进一步扩大产业发展规模。三是拓展产业发展空间。辣椒产业不仅涵盖丰富的食品产品，还在医疗、工业等领域展现广阔的应用潜力，显著提升其综合利用价值。

振兴辣椒产区。一是促进人才回流。辣椒适应性强，无论山地还是旱地均可种植，能够充分利用闲置土地资源。其生长周期短，具备多季种植的优势，大幅提高土地利用率。相比于传统的农作物，辣椒每亩种植效益可达1400～1500元，利润空间广阔。二是带动劳动力就业。辣椒的产业链覆盖种植、采摘、加工、包装等多个环节，为产区提供大量就业机会。三是吸引外来游客。辣椒种植园和晾晒场景以其独特的视觉效果，成为乡村旅游的热门打卡点。通过"把产区变景区、田园变公园、农房变客房"，赋予乡村旅游更多文化与经济价值，使游客流连忘返，助力乡村经济繁荣。

传承辣椒文化。一是美食文化，味蕾记忆传承。辣椒美食文化在地域文化传承中占据重要地位，它不仅体现一方水土的风情与人文内涵，还成为地方特色的标志之一。从信仰活动到节庆仪式，再到日常社交互动，饮食文化始终占据核心地位。二是民间文化，民俗风情纽带。辣椒文化旅游不仅能促进辣椒种植、加工、餐饮和旅游等相关产业的协同发展，还让游客参与其中，感受地方特色。如云南丘北和湘西苗族的辣椒节，不仅是民俗文化的重要体现，更是辣椒文化与地方传统的完美结合，展现深厚的地方风情。三是非遗文化，传统技艺守护。将传统制作技艺与旅游开发有机结合，游客不仅能亲眼见证非遗技艺的独特魅力，还可以深度参与制作过程，在实践中体验非遗文化的风采与韵味。通过这种创新形式，非遗文化得以更广泛地传播，同时增强文化的活力和吸引力，为传统技艺的守护与发展注入新的生命力。

二、辣椒文化旅游开发的问题

产品同质化严重。我国辣椒产业目前存在经营主体数量多、规模小、组织化程度低、产业化水平不足的问题。经济合作组织数量有限，各主体之间缺乏交流与协作，导致产业整合与资源共享能力薄弱。在产品资源的挖掘与利用方面投入不足，中高端产品竞争力有待提升，市场竞争力较弱，且缺乏具有广泛影响力的知名品牌。由于生产加工未形成规范化、标准化，品牌数量有限且号召力不强，容易被模仿甚至假冒，进一步削弱市场优势。行业内竞争激烈，产品同质化问题尤为突出。辣椒制品（如辣椒酱、干辣椒等）在多地市场中表现出附加值低、迭代升级慢的特点。其包装设计普遍缺乏地域特色与创意，口味较为相似，未能充分展现地方辣椒文化的独特魅力，从而在情绪价值的提供上存在明显不足。此外，辣椒出口大多停留在初级产品或半成品阶段，深加工利用程度较低。以辣椒素为代表的深加工产品未能在我国形成具有国际竞争力的优势产业，限制产业链延伸和经济价值的进一步提升。

文化内涵挖掘不足。当前，一些辣椒文化馆在展示形式和内容上较为单一，多以简单的实物陈列为主，对辣椒文化背后的历史渊源、民俗故事及地域特色等深层次文化内涵的挖掘与创新明显不足。这种表层化的呈现方式使游客难以深入了解辣椒文化的博大精深和独特魅力，参观体验流于形式，缺乏深度。部分辣椒节的活动内容与形式也存在较大的同质化问题，缺乏创意与吸引力。活动设计未能充分融合当地民俗文化、历史传承等特色元素，导致活动难以展现浓厚的地域文化氛围。此外，宣传与营销手段相对滞后，未能有效突出地方辣椒文化的核心价值和吸引力，游客难以获得独特的文化体验，难以形成持久的吸引力和品牌影响力。

产业协同整合欠缺。辣椒文化旅游开发在产业融合方面存在明显不足，与农业、工业、文化等相关产业的协同发展缺乏深度整合。由于各主体之间协作不力，产业链上下游衔接不够顺畅，导致产业协同效应未能充分发挥，制约辣椒文化旅游的整体发展。部分种植户在生产栽培中技术落后，管理粗放，不合理使用化肥和农药，导致辣椒内在品质下降，影响产业链的竞争力。同时种植户与加工企业之间缺乏稳定的合作关系，生产与加工环节未能形成紧密联动。部分辣椒种植基地与旅游企业之间也缺乏有效的沟通与协作，未能将辣椒种植、采摘体验与地方旅游资源有机结合，导致难以打造具有吸引力的旅游线路和产品体系。这种产业间的割裂现象，使辣椒文化旅游在满足市场多样化需求方面力有未逮，限制其发展潜力和市场竞争力。

三、辣椒文化旅游开发的对策

在辣椒文化旅游开发的征程中，需要从多维度精准施策，整合资源、创新理念，以打造出独具特色且富有吸引力的辣椒文化旅游体验，让辣椒文化在新时代焕发新的生机与活力。

加强品牌建设。一是品种创新，观赏食用融合。辣椒产业的发展必须与科技并举，通过技术攻关和科技创新，不断优化品质，强化品牌影响力，拓展市场规模。在品种创新方面，应加强与优势科研机构的合作，充分利用科研力量，精准培育兼具观赏和食用价值的辣椒新品种，以满足不同市场需求。开发色彩斑斓、形态多样的观赏辣椒，如风铃观赏椒、梦都莎观赏椒、彩星椒、紫簇椒、五彩椒、小米粒椒、指天椒等，进一步丰富辣椒品种的市场吸引力。二是文创赋能，文化与商业联姻。文创产品是传播辣椒文化的重要载体，蕴含着广阔的市场前景与发展潜力。要深入挖掘辣椒文化丰富的内涵与特色元素，紧密结合辣椒的形态、色彩、辣度以及地域文化背景等，设计开发形式多样、独具匠心的文创产品。这些文创产品不仅能够传递辣椒文化的深厚底蕴，还能引发游客的情感共鸣，从而显著提升辣椒文化的市场影响力。三是人才培养，专业力量支撑。加强与高校及专业机构的合作，构建完善的人才培养体系，涵盖种植技术、烹饪技艺、导游服务等多个领域，打造一支高素质、专业化的人才队伍。

挖掘文化内涵。一是文化场馆打造，营造沉浸式体验空间。在辣椒文化馆、博物馆等文化场馆的规划和建设中，注重丰富展示内容并提升互动体验效果。通过全面展示传统辣椒种植工具的历史演变，讲述辣椒在婚礼、祭祀等民俗活动中的特殊意义及仪式流程，以及深入挖掘辣椒与民间传说、谚语、歌谣等文化元素的关联，让游客感受到辣椒文化的博大精深与独特魅力。二是民俗节庆演绎，构筑风情展示舞台。在举办辣椒文化节、丰收节、民俗婚礼等活动时，巧妙融入丰富多样、独具特色的民俗表演与传统工艺展示环节，以增强活动的观赏性与文化内涵。如在节庆活动中精心安排舞龙舞狮、踩高跷、划旱船等极具地方特色的民俗表演，在民俗婚礼中充分融入辣椒文化元素，突出仪式感和地域文化特色。通过这一系列举措，不仅能够吸引更多游客前来体验，还能有效促进地方民俗文化的传承与弘扬，实现辣椒文化与民俗文化的有机融合与协同发展。三是研学拓展推进，传承农耕智慧结晶。开发辣椒研学旅行项目，为学生们提供深入了解辣椒种植、生长、加工等知识的机会，帮助他们体验农业生产的艰辛与乐趣，进而有效培养学生的实践能力与创新精神，传承和弘扬辣椒文化所蕴含的地域特色与民族精神，增强学生对本土文化的认同感与自豪感。

加强政企协同。一是企业引领前行，发挥龙头带动效应。政府应当加大对龙头企业的扶持力度，通过实施财政补贴、信贷支持等政策倾斜措施，助力企业全面提升核心竞争力，充分发挥龙头企业在辣椒产业中的引领作用，推动辣椒产业做大做强。龙头企业可利用先进技术对辣椒进行深加工，提取辣椒素、辣椒蛋白质、辣椒色素等高附加值成分，实现辣椒资源的高效综合利用，显著提高产业附加值。同时，积极拓展工业辣椒在医药品、驱虫剂、生物农药、颜料和武器等领域的科技研发与应用，推动辣椒产业在医疗、工业等多个领域的广泛应用，提升经济效益与社会效益。二是园区示范引领，树立现代化产业标杆。以智慧种植园为引领，运用物联网、大数据、人工智能等现代信息技术，实现辣椒种植过程中的精准灌溉、施肥、病虫害防治，大幅提高辣椒的产量与质量，有效降低生产成本，显著提升种植效益。三是街区聚合发展，点亮辣椒美食名片。精心打造辣椒美食街，将丰富多样的辣椒美食与热情洋溢的文化氛围相结合，为游客提供愉悦的味觉体验和深刻的文化享受。加大宣传推广力度，充分利用社交媒体、短视频平台等现代营销渠道，提升辣椒美食街的知名度与美誉度，吸引更多游客慕名前来，将辣椒美食街打造成为地方文化旅游的一张亮丽名片。

（作者单位：西南大学农学与生物科技学院）

为湖南秸秆焚烧"禁改限"新政点赞

⊙ 张宁

秸秆禁烧是当前国内农业发展的一个热门话题，存在着诸多争议。支持禁烧的大多数都是不种地的农民，禁止农民做什么或要求农民做什么。而反对的大多是种地的农民，因为禁烧增加了生产成本和劳动强度，使得原本效益就不高的农业雪上加霜，农民生活变得愈发艰难，进而影响了种地的积极性。湖南省人大通过了秸秆焚烧"禁改限"的新政策，即《湖南省秸秆综合利用若干规定》，突破"一刀切"禁烧的铁律，以创新的管理思路和务实的举措，在应对农业废弃物处理难题时，探索出符合地方实际的管理路径，在多个层面上为解决秸秆焚烧难题和农业政策制定提供了新的思路。

一、农村秸秆全域"一刀切"禁烧的困境

秸秆禁烧政策在实施过程中面临两难困境，基层干部在执行政策时既要执行上级的禁烧命令，又要考虑到村民的实际需求和情绪，严重消耗了基层政府的行政资源，加剧了农村干群矛盾，执行效果偏离了政策的预期，给农村基层治理带来了极大挑战，甚至危及国家粮食安全。

（一）"一刀切"禁烧模式引发农民普遍不满

作为中国传统农耕文明，焚烧秸秆深植于农民代代传承的生产方式中，被认为不仅可以产生草木灰这种有机物质，有助于减

少病虫害，增加土壤肥力，还能够省时省力省钱多打粮食。在世界上，焚烧秸秆为很多发达国家的农业所采用，如日本烧荒的传统在现代农业中依然保持。

而国内这么多年"一刀切"的全面禁烧，让农民叫苦不迭。因为全面禁烧秸秆除了增加农民种地成本让农民赔钱外，并没有解决禁烧之后的秸秆如何处理问题，这是农民普遍不满的根本原因。而中国幅员辽阔，不同地区的土壤和气候、地理条件、经济发展水平、农业生产模式等存在巨大差异性，不同地区农业生产有着不同要求。对秸秆焚烧采取"一刀切"的禁止措施，很难适应如此复杂的国情现实。如北方平原的秸秆产量巨大，而南方水田较多，且大多是山区丘陵，秸秆处理方式就必然有所不同。

禁烧政策实施后，农民需要额外的投入，包括时间、劳动力和财力，还延误下季种植。秸秆还田需要使用机械进行操作，增加了农业生产成本；秸秆离田则需要收集、运输和再利用的整个过程，增加了资金和劳动力的投入。在一些山区和丘陵地带，大型农业机械难以进入，秸秆收集和运输不便，农民缺乏有效的秸秆处理手段，"一刀切"的禁烧政策让农民陷入两难。特别是，还田的秸秆腐烂是需要时间的，一年只种一季农作物的地区还好，在种植双季乃至三季的南方地区则会带来很多问题。因为腐烂不完全导致土壤过于疏松，就会产生烧苗、死苗现象。南方的暖冬气候会让秸秆中的病虫害在土壤中越冬，到次年春季病虫害会大量繁殖，导致农作物病虫害加重，农民不得不增加农药的使用，这不仅增加了成本，还可能对环境造成二次污染，使土地质量恶化，这对于种地的农民来说是最大的危害。

（二）污染环境的理由过于片面

科学研究表明，秸秆焚烧会在短时间内造成局部空气质量下降，产生烟雾和灰尘等污染物，但从对大气环境的整体影响上看，相比于其他污染源，焚烧秸秆对空气的污染远远低于汽车尾气、工业排放的污染。而且秸秆焚烧产生的烟雾和污染物在大气中的停留时间相对较短，扩散范围有限。相比之下，汽车尾气和工业生产过程中持续、大量排放的各类污染物，对环境的长期影响更为严重。过度强调秸秆焚烧对环境的危害，忽视了其他更主要的污染源，将秸秆焚烧视为大气污染的罪魁祸首过于片面。

虽然禁烧秸秆可以减少污染，但产生大量有毒有害物质的汽车尾气、工业排放等污染源依旧存在，并不能从根本上改变空气污染问题。可以因为汽车尾气污染而禁止汽车行驶吗？可以因为工业排放而禁止工厂生产吗？汽车尾气、工业排放可以容许存在是基于日常生活和国民经济的需要，而农业是社会生产的基础，也是一切社会的基础。如果影响到农民的农业生产积极性，危及大国粮食安全，那么就是一个事关中华民族伟大复兴的一个全局性的战略问题。

（三）秸秆禁烧政策陷入两难境地

在秸秆禁烧过程中，政府主要是使用行政手段，忽视了愿望与现实之间的鸿沟，农民成为了利益受损的主体。一方面，由于秸秆体积庞大、重量轻，且热值低、含杂质等因素，一直没有找到最优的利用方式，没有出现真正规模化、经济化的秸秆综合利用技术。如鼓励秸秆的综合利用，包括制作生物质能源、饲料等，往往因为技术、市场、成本等问题而难以实施。由于产业链条缺失，回收成本较高，农民缺乏将秸秆转化为经济价值的途径。因此，禁烧很难得以落实到位。

另一方面，政府在禁烧政策实施过程中，中央强调要保护农民利益，但在实际操作中往往难以对农民进行合理的补贴。因为政府提供的补贴远远无法弥补农民因秸秆处理而增加的成本，禁烧秸秆产生的收集、储存、运输、利用等公共成本却由农民承担，这使得农民在农业生产中的投入增加，收益减少，严重影响了农民的积极性。一些地方政府为了完成禁烧任务，就不得不采取高压手段，对农民进行严厉处罚，这不仅未能解决根本问题，反而激化了政府与农民之间的矛盾，加剧了社会的不稳定性。

二、湖南秸秆焚烧管理立法的创新举措

为了应对秸秆焚烧管理的多重困境，湖南省通过人大立法的方式，改变"堵"而不"疏"的做法，实现由"禁"到"限"的管理模式转变，既体现了对环境保护的重视，又兼顾了农业生产的特殊性，有效解决了秸秆禁烧政策存在的现实问题。

（一）从"禁"到"限"的管理模式转变

湖南秸秆焚烧管理立法最显著的创新在于，突破了秸秆"一刀切"禁烧的铁律，将"禁止焚烧"简单的"堵"转变为划定禁烧区和限烧区进行分类管理的"疏"。在人口密集区、机场周边、交通干线附近等环境敏感区域划定为禁烧区，严格禁止秸秆焚烧；而在其他适宜区域和禁烧区带有经检疫确需焚烧的病虫害的秸秆，在

符合规定的程序和条件下，允许有序焚烧秸秆。这种"疏堵结合"管理模式，既有效保护了重点区域的环境质量，又充分考虑了农业生产的实际需求，为农民提供了合理的秸秆处理途径，充分体现了政策的灵活性和科学性。

（二）立法保障与政策支持

湖南秸秆焚烧管理以立法的形式为秸秆管理提供了坚实的法律保障。通过立法明确了秸秆焚烧和综合利用的相关规定，使秸秆管理工作有法可依，提高了政策的权威性和稳定性。同时，还配套出台了一系列政策支持措施，如在税收、用电等方面给予从事秸秆综合利用企业优惠政策并鼓励金融机构给予信贷支持，设立专项奖补资金，鼓励社会资本积极参与秸秆综合利用。这些政策的出台，为秸秆综合利用产业的发展提供了有力的政策支持和资金保障。

（三）注重农民利益与农业成本控制

湖南秸秆焚烧管理立法坚持以农民利益为出发点，在多个方面保障农民权益，降低农业生产成本。一方面，对于限烧区的秸秆焚烧，简化了审批程序，农民只需向村委会报备，由上级统一安排焚烧时间和地点，减少了农民的手续负担。另一方面，通过加大对秸秆综合利用的扶持力度，鼓励发展秸秆肥料化、饲料化、基料化、原料化和能源化利用产业，使秸秆变废为宝，提高秸秆的利用价值，为农民开辟了新的增收渠道，增加农民的收入。同时，政府加强对秸秆处理的公共服务投入，支持开展秸秆收储网点建设，推动建设以企业为引领、农民专业合作社和农户参与、市场化推进的秸秆处理体系，降低农民在秸秆处理过程中的成本支出。

三、湖南秸秆焚烧管理新政的多维度启示

湖南秸秆焚烧管理立法坚持因地制宜、分类管理，坚守农民利益和降低农业成本等方面的成功实践，为农业政策制定提供了实践经验与启示。作为国家粮食安全和社会稳定的基础，在处理"三农"问题时，应遵循地域分异规律和经济发展规律，以农民利益为出发点，构建科学合理、精准有效的农业政策体系，以推动农业高质量发展，为实现农业现代化和乡村振兴的战略目标助力。

（一）坚持因地制宜：政策制定契合地方实际

我国地形地貌复杂多样，既有广阔的平原，也有连绵的山区和丘陵。在平原地区，农业生产规模较大，便于机械化作业；而山区和丘陵地带，耕地分散，地块狭小，大型农业机械难以施展。传统的秸秆禁烧政策未充分考虑这种地域差异，统一的禁令在山区实施时，农民面临秸秆运输困难、处理成本高昂等问题，导致政策执行受阻，农民抵触情绪较大。湖南秸秆焚烧管理立法根据不同区域的特点，制定差异化的秸秆处理策略。在平原地区，凭借良好的基础设施和规模化生产条件，大力推广秸秆机械化还田技术，提高土壤肥力，促进农业循环发展；在山区和丘陵地区，考虑到实际操作的困难，在严格监管下，允许在特定时段、特定区域进行适量焚烧，同时探索适合小规模处理的秸秆利用方式，如发展小型的秸秆饲料化、基料化产业。既尊重地域差异，避免"一刀切"的政策制定方式，又满足农民的实际需求，制定具有针对性的政策措施，提高政策的可行性和有效性。

（二）坚持分类管理：探索精细化治理模式

以往对秸秆焚烧的管理较为粗放，缺乏科学的分类和精细化的管控。这种管理模式无法有效平衡环境保护与农业生产的关系，既难以从根本上杜绝秸秆焚烧带来的环境污染问题，也未能充分挖掘秸秆的潜在价值。同时，单一的管理手段还增加了政府的监管成本，降低了管理效率。湖南秸秆焚烧管理立法对秸秆焚烧区域进行科学划分，设立禁烧区和限烧区，并且对秸秆进行分类，根据不同种类秸秆的特性，制定相应的焚烧方案，实现了对秸秆焚烧的精准管控和资源的高效利用。在农业政策制定过程中，也应引入分类管理的理念，根据不同的管理对象、管理目标和管理场景，制定差异化的管理策略。通过分层分类的政策设计，实现农业的精细化治理，提高政策的针对性和可操作性。

（三）坚守农民利益：以民为本的政策导向

农业政策的制定应以农民利益为核心，充分听取农民的意见和建议。当前不少地方的秸秆禁烧政策在制定和实施过程中，较少考虑农民的实际利益，忽视农民在秸秆处理过程中面临的如秸秆收集成本高、利用途径有限，而政府又缺乏相应的补贴和支持等诸多困难。同时，禁烧政策的执行也会增加农民的劳动负担和时间成本，导致农民对政策的满意度较低，影响政策的实施效果。而湖南秸秆焚烧管理立法充分体现了保障农民利益的出发点，通过多种方式减轻农民负担，增加农民收入。应建立健全农民利益反馈机制，及时调整和完善政策，确保政策真正惠及广大农民，坚决防止农民利益受损。

（四）降低农业成本：提升农业竞争力的关键

随着城镇化和工业化的推进，农业生产成本上升，尤其是土地资源稀缺和劳动力成本增加。在农业效益不断递减的现代化背景下，传统的"一刀切"秸秆回收的要求大大增加了农业生产的隐性成本，严重影响了农业生产的经济效益，不利于农业的可持续发展。一方面，需要不断降低农业成本以不断减轻农民负担，提高农民的收入水平，增强农民的生产积极性，减少"抛荒"现象的出现；另一方面，需要不断降低农业成本以不断提高农产品的市场竞争力，推动农业产业升级，实现农业的高质量发展。

（作者系湖南师范大学中国乡村振兴研究院博士研究生）

处理畜禽养殖污染问题必须维护农民的权益

⊙ 孙建红

2024 年 1 月 1 日起，《生猪屠宰质量管理规范》（简称《规范》）正式施行，这是我国屠宰领域第一部质量管理规范。《规范》一出，就引起了广泛讨论，有观点认为，随着《规范》的提出，农村不能再搞养殖业了。是否真是如此呢？《规范》的主要内容包括宰杀、养殖规范等诸多方面，尤其对生猪宰杀环节设立了严格的管理标准，目的在于通过系统化、规范化的方式强化生猪屠宰行业的质量管理，保障生猪产品质量安全及消费者的食用安全。

一、农村养殖业面临的污染问题仍然亟待解决

养殖业是促进农村经济发展的支柱性产业，是农民经济收入的主要来源。但伴随着农村养殖业的迅速发展与养殖规模的不断扩大，所产生的大量畜禽废弃物没有得到有效利用和处理并随意排放，养殖业所带来的环境污染问题逐渐成为影响农村人居环境、影响整个生态环境的重大问题。主要表现在：

1. 污染水体。畜禽养殖场未经处理的污水中含有大量的污染物质，由于含 N、P 量高，在排放进河流与鱼塘之后，会造成水质不断恶化，使对有机物污染敏感的水生生物逐渐死亡，严重的将导致鱼塘及河流丧失使用功能。此外，畜禽废弃物污水中有毒、有害成分一旦进入地下水中，会造成地表水和地下水污染，严重时使水体发黑、变臭，造成持久性的有机污染。

2. 污染空气。畜禽粪便在排出的同时，其中含有的大量氨、

硫化物、甲烷等有毒有害成分也会随着排出体外，污染养殖场及周边地区的空气，影响养殖场员工及附近居民的身心健康。

3. 传播病菌。养殖业废弃物不仅会对空气、水资源等造成直接污染，畜禽粪便中含有大量的病原微生物和寄生虫卵等病菌，还会造成环境中病原种类增多、病原菌和寄生虫大量繁殖，诱发人、畜传染病的蔓延，尤其是人畜共患病时，会导致疫情发生，给人畜带来灾难性危害。

二、农村养殖业造成环境污染的原因所在

推进乡村振兴、实现中国式现代化，生态是不容忽视的一个重要方面。在共同富裕需要取得实际性进展的时代背景下，围绕增加农民收入来发展养殖业，找到问题的原因所在。

1. 农牧脱节，畜禽废弃物得不到充分利用，是造成畜禽废弃物污染的主要原因。我国传统的畜禽业，以家庭分散养殖为主，畜禽产生的排泄污染物能够转化为有机肥料，形成良性循环。然而，规模化畜禽养殖业的迅速发展造成了严重的农牧脱节，最终导致了养殖业与种植业的分离，养殖者的废弃物没有土地及时消纳，畜禽废弃物这一宝贵的农业资源不能得到及时利用；同时由于化肥的出现，种地者用化肥取代了畜禽粪肥，畜禽废弃物被随意堆放、丢弃，造成了严重的环境污染问题。

2. 养殖业污染防治存在技术障碍。对于农村养殖主体而言，重点关注的是养殖效益，粪污处理则属于迫于环保压力的额外负担，因此，农村养殖场需要的是低成本、高效率的除污技术。目前的养殖污染防治技术研究，鲜有系统的从粪污收集、储存、处理到资源化利用的全覆盖的技术研究，并且在养殖粪污资源化过程中仍存在一些难以突破的技术难点，这些问题都成为发展生态农业、有机农业的障碍，也影响了粪便资源化利用的推进。

3. 监管不到位。各级环保部门对畜禽废弃物污染环境问题重视和管理不够，存在监管主体局限、监管职责不清和监管标准模糊等问题。很长一段时间以来，农业各级环保行政主管部门没有能够很好地履行相关职责，加上现行的各种环境管理的法规与制度主要面向城市污染和工业污染，对近十年发展起来的规模化畜禽养殖影响甚微。而且大中型畜禽饲养基地的建设，是各地作为市政府"菜篮子工程"的重要组成部分，对于保障城市副食品供应意义重大，不可简单地实施"关、停、并、转"，环保部门对其监督管理相当困难。

三、实现经济效益和生态效益相统一的基本对策

在推进中国式现代化的过程中，需要维护好农民的根本利益，从增加农民的收入出发，制定相应的对策，降低农村养殖业对生态环境造成的影响，实现经济效益和生态效益的统一。

1. 转变发展理念，增强环保意识。农村养殖业主体应转变观念，科学发展养殖业。我们并非片面地批判养殖产业，而是鼓励循环绿色可持续的产业发展，要加强养殖业主体职业培训，提高养殖户科学处理废弃物的知识与法律意识，从源头上减少废弃物的产量，从而实现养殖业废弃物的减量化。

2. 推行畜禽粪污资源化利用。实现种养结合是破解农业源污染难题、实现农业绿色发展的重要举措，构建种养循环格局是解决畜禽养殖污染的关键所在。要把养殖业看做农业生态循环圈的重要一环，坚持种养结合，根据承载力测算标准，按照养殖量配套足够的农田面积，就近消化污染物，实现经济建设和生态保护同步进行。此外，鼓励培育种养结合第三方服务组织，研发并使用畜禽粪便还田机械化的专用设备，引进先进的污染防治处理技术。

3. 严格畜禽养殖污染防治监管。一方面要强化养殖场户主体责任，养殖场户应当切实履行粪污利用和污染防治主体责任，采取措施，对畜禽粪污进行科学处理和资源化利用，防止污染环境，让已建成的设施正常运转，达到处理效果，而非单纯应付检查。另一方面，推动监管主体多元化，有关部门应通力合作，严格执行《中华人民共和国固体废物污染环境防治法》《畜禽规模养殖污染防治条例》等要求，以法律为根本标准，对畜禽规模养殖污染防治设施配套不到位、粪污未经无害化处理直接还田或向环境排放的行为依法查处，在此基础上，引入第三方监管，弥补政府单一监管模式的局限性。

4. 强化法律法规保障和技术支撑。首先，细化并完善现行法律法规，增强法律的针对性，严肃查处违规行为，引导农村养殖户正确处理养殖业废弃物，实现法律对养殖业发展的正确指引。其次，加强重点、难点技术问题的研究，从源头减量、清洁回用等方面入手突破，关注粪肥中抗生素和重金属超标问题，因地制宜选择合适的粪污资源化利用技术模式，积极推广全量机械化施用，逐步改进粪肥施用方式。

总的来说，《规范》的实施给农村养殖业带来了一定程度上的挑战，但也为我们重新审视行业现状、积极调整经营策略提供了新的契机。正如孟德拉斯在《农

民的终结》中指出的，"乡镇在经过一个让人以为已死去的休克时期之后，重新获得了社会的、文化的和政治的生命力。"农民不会终结，乡村生活不会终结，但在中国走向现代化的过程中，要让乡村"重新获得社会的、文化的和政治的生命力"。只有通过合理的政策引导和支持，才能有力推动我国农村养殖业朝着高质量发展的轨道稳步前进，在确保消费者能够享受到安全健康的产品的同时，确保农民的利益不因此受到影响。

（作者系湖南师范大学中国乡村振兴研究院硕士研究生）

农民工讨薪：不该让"薪酬"变"心愁"

⊙ 何虹雨

　　临近过年，农民工讨薪的新闻又开始占据着各大网站的热搜榜。葫芦岛连山区 56 名农民工讨要 51.9 万元薪资；电白区 40 名外地农民工被拖欠工资多月；海南黑心老板拖欠 1.2 亿工资不给……据人力资源和社会保障部的统计，在我国大部分地级市，每年平均爆发的农民工讨薪事件均在 30 起以上，也就是说几乎每个月会发生 2～3 起讨薪事件。这对企业、对农民工本身及社会稳定都造成了极大的影响，甚至会诱发违法犯罪，危害人身乃至群体安全。

一、农民工与讨薪事件

　　"农民工"是指那些通过在城市的企业和部门中劳动和工作获得报酬维持生活，同时还保留其原籍农业户口的农民。可以分为本地就业和外出务工两大类，具体从行业而言从近几年调查数据看，农民工从事建筑业的比重在逐年递增，从 2008 年的 13.8% 上升到 18.4%，从事制造业的比重则趋于下降。农民工月均收入是 2609 元，农民工收入已经占到农民人均收入的 50%。但同样高薪资也意味着被拖欠薪资的概率也变得更高。

　　而作为弱势群体的农民工，囿于自身的文化水平和尚不完善的保障政策，其合法权益常常受到侵害尤其是在建筑行业。农民工面对的是企业聘请的专业律师，他们常常有口难言，有怨难申，在这样的逼迫下，便极其容易爆发突发性的群体讨薪事件从而引发社会舆论关注，甚至引发报复社会的恐慌，如包头市两名农民工讨薪不成扬言跳楼，郑州市农民工讨薪不成刺死包工头等。第一，讨薪事件不仅仅阻碍正常的生产经营活动甚至危害生命安全。由于农民工得不到薪资，他们通常会选择罢工停工，影响企业的正常生产活动，自然会造成企业的亏损。另外若讨薪农民工达到一定数量甚至会举行游行示威活动，而在此过程中难以避免由于极端情绪所产生过激行为比如敲砸生产设备等，同样会损失经济财产，甚至在此过程中个别极端者会采取伤害自己甚至伤害他人的方式来威胁企业或是求得社会关注。第二，讨薪事件爆发势必会影响公共秩序，造成社会恐慌。第三，讨薪事件频频出现不仅仅是挑战法律与公共权力，甚至会让农民工群体怀疑法律面前是否人人平等，思考政权是否是人民的政权，这无疑是对国家合法性的直接质疑。因此，构建一个解决企业欠薪行为的长效机制，保证农民工的合法权益迫在眉睫。

二、农民工讨薪事件爆发原因

拖欠农民工工资已经成为一种较为普遍的现象，尤其是在建筑行业。本文以建筑行业讨薪事件为分析对象，笔者认为建筑行业讨薪事件之所以如此频繁有如下原因：

（一）建筑行业管理失范

建筑业是规模最大的劳动密集型产业，也是使用农民工最多的行业。在建筑行业普遍采取的转包和分包工程的施工制度是产生农民工欠薪问题的重要原因，进而引发群体性讨薪事件。"大企业出牌子，私人老板出钱，包工头雇人，农民工干活"的建筑行业施工全流程。工程建设中劳动用工管理混乱，很容易出现开发公司拖欠工程款导致工程无法按时完工并验收结算的问题。具体来说就是在分包和转包过程中，一些没有资质的包工头大量雇佣农民工，他们的责任承担能力相对薄弱，一旦出现经营问题，资金链就会发生断裂，而有资质的上级承包单位又以没有直接雇佣关系为由，拒绝承担责任。施工企业和包工头之间的工程款纠纷的唯一牺牲者就是农民工。另外建筑行业的监管力度不足，但这并非建筑业独有的问题。部分企业未严格按照《保障农民工工资支付条例》规定开设农民工工资专用账户，因此工程款随意挪用，洗钱等可以说是"隐形操作"。一旦资金没有替换清楚或是出现包工头挪用资金后"跑路"的问题，农民的工资就会"打水漂"。

（二）农民工自身维权意识和能力弱

农民工是城市当中最庞大的弱势群体。首先受限于文化水平和法律素养不足，农民工通常缺乏自我保护意识。部分农民工对"非法用工"没有概念，一些劳务公司无用人资格，不经过劳务市场招用农民工，而且不与农民工签订任务劳务合同。而农民工自身也没有要求劳务方签订劳务合同的意识。一旦双方出现工资结算争议，劳动主管部门也难以进行监察和仲裁处理。同时考虑到目前用工市场供大于求的情况，农民工为了获得工作岗位降低求职标准和条件，遇到无故拖欠克扣工资的侵权行为时，为了保住工作不敢伸张，工程完工后即使投诉举报也已经很难追溯，使得农民工处于被动一方。另外由于农民工自身的经济条件较差，要想通过法律途径维权不仅仅是报案那么简单，往往涉及高昂的诉讼费、律师费、差旅费等，因此他们更多选择"免费直接"的方式讨要薪资。

（三）案件处理难度大

不仅仅是农民工不愿通过法律途径解决，在部分情况下也会出现法律途径也无力解决的情况。一方面是农民工自我保护意识不强，没有收集欠薪证据的意识，就会导致仲裁部门缺少判断证据。另一方面是建筑行业本身内部的复杂性，加上资金一次性投入高但是汇报周期长甚至是"烂尾楼"难以得到回报，就会导致施工企业自身的资金链断裂，从而出现"要钱没有，要命一条"的"执行难"问题。在这种情况下，本就得不到薪资的农民工又花费了相对高昂的费用讨薪还得不到结果，可能会进一步激发更加严重的讨薪事件。

笔者认为要真正解决好欠薪事件，首先要从源头出发，强化日常法制教育，既要增强农民工的法律素养，学会运用法律武器，更要大力提升市场企业的法律素质。其次，优化企业生产环境，完善企业内部管理制度和调节机制，加强对企业自身的监管。最后加强惩治制度建设，建立有震慑力的欠薪惩罚制度，严惩欠薪企业人员。农民工讨薪群体性事件是一个在多种因素共同作用下产生的结果，研究农民工欠薪事件关系到社会稳定，是新时代妥善处理人民内部矛盾的迫切需要。

（作者系湖南师范大学中国乡村振兴研究院硕士研究生）

乡村地区狂犬病疫情反弹亟须构建全链条防控体系

⊙ 刘敏佳

狂犬病一旦发病，死亡率近乎 100%。其防控不仅是公共卫生问题，更是基层治理能力的试金石。近年来，我国狂犬病发病率以及死亡率呈现上升态势。以 2024 年为例，狂犬病总发病数（170 例）高于 2023 年（131 例），增长了约 29.77%，2024 年全国狂犬病死亡人数达 143 例，较 2023 年反弹 12.60%。尤其是在我国部分乡村地区，狂犬病死亡人数显著增加，形势不容乐观。尽管我国在狂犬病防控方面取得了一定成效，但近年来部分乡村地区狂犬病相关数据反弹，暴露出防控体系中的薄弱环节。当前，狂犬病防控体系存在三大短板：群众防护意识薄弱（迷信土方治疗）、疫苗接种率低（部分地区不足 50%）、体制机制松散（流浪犬管理缺位）。亟须政府牵头，通过理念革新、科技赋能、机制重构三管齐下，构建"预防—处置—监测"全链条防控体系。

一、理念思路创新：三维理念革新与精准宣教

为有效防控狂犬病疫情，需树立"三位一体"的科学理念，通过实施精准宣教，增强群众科学防控意识。

第一，推行"预防—处置—监测"三位一体的科学理念。预防前移，将犬只免疫覆盖率纳入村干部考核中，目标设定为 70% 以上（WHO 研究显示，免疫率超 70% 可阻断传播链）。处置标准化，设立狂犬病暴露预防 24 小时规范化处置门诊，严格执行"20% 肥皂水冲洗 15 分钟 + 免疫球蛋白 + 疫苗"流程。标准化的处置流程可以极大地提高暴露者的存活率，也便于收集数据进行疫情监测和防控效果评估。监测动态化，

利用 GIS 技术绘制"狂犬病风险地图",实时追踪高发区域与记录暴露于狂犬病病毒的风险行为,如被狗咬伤的人数和情况。另外监控狂犬病疫苗的接种情况以确保高覆盖率和及时接种。内蒙古自治区通过病原学监测发现狐狸传播链后,针对性实施野生动物免疫,家畜感染率下降。

第二,公众教育"靶向突破"。实施"土方法辟谣"行动,针对农村"香灰止血""草药敷伤"等迷信土方治疗误区,制作短视频通过微信群、抖音平台传播,曝光真实死亡案例。通过村级广播、宣传栏等方式揭露土方治疗的危害性,如伤口感染风险增加、病毒扩散加速等,提高村民的防控意识。推动乡村中小学"一期一课",乡村地区的中小学每学期开设 1 节狂犬病预防课,以此来推动"小手拉大手"带动家庭参与防控。具体实施行动可按照不同的学龄阶段分层授课开展:小学阶段,可通过动画短片、卡通绘本阅读等方式向学生介绍什么是狂犬病、如何避免被狗咬伤等基础知识。初中阶段,可通过案例分析、小组辩论等方式向学生科普疫苗重要性和流浪动物科学对待方式。高中阶段,可通过专家讲座、科研数据解读、社会实践等方式教授狂犬病病理机制、相关法律法规等知识。

第三,权威渠道发声。联合疾控部门、医院等机构、官方媒体、社交平台发布权威指南。如:通过权威媒体发布科普文章,结合案例数据,警示公众。地方政务平台发布活动信息,利用短视频、图文等形式传播伤口处理步骤及疫苗接种时效性知识。

二、方法手段创新:科技赋能与精准施策

信息技术的发展为国家管理与社会治理提供了便捷高效的工具,要顺应数字化发展趋势,以科技赋能,实现数字化、电子化管理,提高施政效能效率。开发运用现代科学技术,提高犬只免疫率和做好人类暴露后补救措施。

第一,实现从"纸质台账"到"远程监测"的数字化管理。芯片建档、防疫可视,为每只犬植入电子芯片,关联免疫记录和饲养者信息,用户可在手机端实时查询。截至 2021 年 9 月 30 日,深圳已为 15.6 万只系统登记犬只植入了电子芯片。官方政府可利用该数据库了解免疫情况,实时发送信息或拨打电话给饲养者,及时发现情况并敦促饲养者带犬只注射疫苗。网格哨兵、数据先知,基于大数据分析咬伤事件高频时段(如夏季傍晚)、高发区域(如农贸市场),提前部署巡逻和宣传资源,可以通过短信、App 推送预警信息至村(社区)网格员。网格员针对性前往

高发地了解情况，实时为犬只进行动物疫苗接种。

第二，方法革新、多元协同。修订《中华人民共和国动物防疫法》，明确犬主责任，对未免疫犬只强制收容。在法律中规定养犬人具有到动物诊疗机构、动物疫病防控机构等为饲养犬接种狂犬病疫苗的责任；在法律中建议养犬人需加强犬管理，文明养犬并定期对犬舍、犬笼、玩具等进行清洁和消毒，及时清理犬的粪便和尿液，保持犬舍干燥、通风良好。建立村级防控员制度，采用劳务派遣方式为每村配备1名专职人员，负责犬只登记、免疫督促和疫情上报等工作。建立健全村级防控员培训制度，加强法制教育和业务能力培训，研究制定村级防控员管理办法，完善工作考核机制和动态管理机制，考核评价结果与工资挂钩。"红黑榜"公示，针对狂犬病发病率高的地区，按月为考核周期，将犬只免疫率与人类疫苗接种率纳入红黑榜考核体系。行政村在一个月内达到规定标准的免疫率与接种率，纳入"红榜"，授予"文明养犬示范村"称号。行政村在一个月内未达到规定标准，纳入"黑榜"。

第三，疫苗技术革新与普及。推广"2-1-1"免疫程序，于0天注射狂犬病疫苗2剂次（左、右上臂三角肌各注射1剂次），第7、21天各注射1剂次，共注射4剂次。湖南省采用新一代人二倍体疫苗，接种次数从5针减至4针，依从性提升。狂犬病移动接种车下乡，狂犬病多发于农村偏远地区，地方居民距离接种卫生所较远。移动狂犬病疫苗接种车经过规范改造和严格消毒后，成为了一个小型的疫苗接种工作室。让疫苗多跑路，群众少跑腿，让乡民都能接种上疫苗。巴西通过此模式覆盖偏远地区，发病率下降30%。建议乡镇配备"流动接种队"，结合集市、庙会等人流高峰开展集中免疫。

三、体制机制创新：破解"三不管"难题

创新体制机制是解决流浪犬管理缺位问题的关键方式，对提高狂犬病的防控效能、促进社会全面进步具有深远的影响。实现体制机制创新，破解政策变动没人管、职能交叉不好管、边界不清没人管的难题。

完善收容救助体系。按照"政府主导、社会参与"原则，完善收容救助体系。建立标准化收容所、培育专业社会组织等。如金川区城市管理局在原来的犬只收容留检所的基础上新建了"金川区流浪动物保护中心"；北京"幸运土猫"是一个TNR（绝育放归）专项组织，其已经帮助了近千只流浪猫寻找到了家庭。

打破部门壁垒，完善监督考核体系。狂犬病防控应打破医疗、环保、公安等

多部门分裂状态，建立"联防联控专班"。乡镇层面成立的"狂犬病联防联控专班"建议由镇长牵头，卫生院、畜牧站、派出所协同，明确分工。将流浪犬治理纳入监督考核指标，定期评估各部门的流浪犬管理工作，确保各项措施得到有效执行，有效提高流浪犬管理的效率和效果。

（作者系湖南师范大学大学生乡村振兴研究会理事长，湖南师范大学公共管理学院行政管理专业 2023 级本科生）

图书在版编目（CIP）数据

中国乡村发现.总第71辑 2025（1）/陈文胜主编.--长沙：湖南师范大学出版社，
2025.4.--ISBN 978-7-5648-5856-8

Ⅰ.F32-55

中国版本图书馆CIP数据核字第20253MP938号

ZHONGGUO XIANGCUN FAXIAN

中国乡村发现　总第71辑 2025（1）

陈文胜　主编

出 版 人｜吴真文
责任编辑｜彭　慧
责任校对｜胥　烨

出版发行｜湖南师范大学出版社
　　　　　地址：长沙市岳麓区麓山路36号　邮编：410081
　　　　　电话：0731-88853867　88872751
　　　　　传真：0731-88872636
　　　　　网址：https：//press.hunnu.edu.cn/
经　　销｜湖南省新华书店
印　　刷｜长沙雅佳印刷有限公司

开　　本｜710 mm×1000 mm　1/16
印　　张｜10
字　　数｜180千字
版　　次｜2025年4月第1版
印　　次｜2025年4月第1次印刷
书　　号｜ISBN 978-7-5648-5856-8

定　　价｜25.00元